最新 合同会社[LLC]の設立と運営がよくわかる本

設立、運営、法人成りまで解説

天道 猛 著

秀和システム

はじめに

　コロナ禍によって、テレワークが一般的な働き方になったり、副業も大っぴら
になり、スキルアップに向けむしろ奨励されるなど、働き方が大きく変わりつつ
あります。個人の独立〜起業への流れが加速し、個人事業開業や会社設立のハー
ドルも、かつてよりかなり低くなったように見受けられます。

　また、インバウンド拡大や少子高齢化の流れの中で、外国人労働力への依存
が高まり、日本での外国人の存在感が増しています。外国人が日本の在留資格
を得るうえで、「経営管理」ビザを取得し、日本で起業する流れも定着しています。
会社経営者として、日本で活躍する外国人は、増大の一途といえます。

　会社設立〜法人化というと、まず株式会社が思い浮かびますが、他の選択肢
として今注目されているのが合同会社です。2006 年の会社法改正により誕生し
てまだ 20 年足らずですので、世間的にはまだ認知度が低い合同会社ですが、世
界に名だたるアップルもグーグルもアマゾンも、そしてマイクロソフトも日米以
外の海外法人は合同会社です。統計では、近年、新たに設立される法人の 4 社
に 1 社近くが合同会社だといわれています。

　では、合同会社がなぜ時代にフィットしているのでしょう。

　合同会社設立が選ばれる理由は、
　まず第一に、

　　株式会社より簡単で安上がり
　　決算公告の手間も不要
　　経営の自由度が高い

　などが挙げられます。

本書では、合同会社の設立・運営が一目でわかる日本一かんたんな本を目指し、合同会社設立のメリット・デメリットから、どんな融資や助成金・補助金が受けられるのか、様々なノウハウなどの具体例をイラストや図を多用して解説します。

　さらには、起業版のインバウンドともいえる外国人経営者の動向や、まもなくスタートするインボイス制度への対応、最新の資金調達手段を実現するフィンテックやクラウドファンディングの活用術まで、類書もまだ取り上げていない注目すべきトピックにも言及しています。

　本書が、日本人、外国人を問わず起業家予備軍に資することを、願ってやみません。

2023 年 8 月

特定行政書士／知的財産管理技能士（2 級）

天道　猛

ダウンロードサービスのご案内

●各種フォームダウンロードサービス

　本書で紹介した定款や申請書等の紙面サンプルは、以下の秀和システムWeb サイトのサポートページからダウンロードできます。

https://www.shuwasystem.co.jp/support/7980html/6953.html

図解入門ビジネス

最新合同会社[LLC]の設立と運営がよくわかる本

第1章 合同会社ってどんな会社

第2章 会社設立の基本知識

第3章 失敗しない設立計画の立て方

第 8 章　設立後にするべきこと

第 9 章　フィンテック活用術

合同会社比較表

	個人事業主	株式会社	合同会社	参照ページ
事業の主体	個人	法人	法人	➡P.22
出資者の名称		株主	社員	➡P.31
意志決定の最高機関		株主総会	社員総会	➡P.112
責任	無限責任	有限責任（出資者≠経営者）	有限責任（出資者＝経営者）	➡P.31
決算日	年末	自由に決められる	自由に決められる	➡P.58
個人所得課税	事業所得	給与所得	給与所得	➡P.43
登記費用	なし	約20万2000円〜（電子定款）約24万2000円〜（書面定款）	約6万2000円〜（電子定款）約10万2000円〜（書面定款）	➡P.24
設立までの時間	かからない（即日）	約3〜4週間（司法書士に依頼しない場合は平日に休む必要あり）	約2〜3週間	➡P.22
業務執行者	本人	取締役	業務執行社員：業務執行社員を選任しない場合は社員全員	➡P.59
業務執行者の任期	—	通常2年、最大10年	任期なし	➡P.24
会社の代表者	本人	各取締役：代表取締役を定めることも可能	各社員：代表社員を定めることも可能	➡P.59
決算公告	—	毎事業年度ごとに必要	不要	➡P.24
出資者への利益配分	—	株式の割合に応じて配分	出資割合に関係なく社員の合意で自由に配分	➡P.113
株式（持分）の譲渡		自由：譲渡制限をかけることも可能	社員全員の同意が必要	➡P.188

合同会社ってどんな会社

まずは、合同会社入門編
合同会社の初歩的知識を身に着けよう!

・よく耳にするようになった合同会社ってどんな会社なのか。
・GAFAの日本法人は、なぜ合同会社なのか。
・個人事業や株式会社とはどこが違うのか。

1

GAFAの日本法人は、なぜ合同会社なのか

世間的にはまだ認知度が低い合同会社ですが、世界に名だたるアップルもグーグルもアマゾンも合同会社形態を選択しています。それはなぜなのか。

合同会社は経営がスピーディーかつ自由……いまの時代にフィット

◇ビジネス界の状況は刻一刻と変わりつつある

コロナ禍によって、テレワークが一般的になったり、副業も大っぴらになりスキルアップに向けむしろ奨励されるなど、働き方が大きく変わりつつあります。

こうなると、個人の独立〜起業への流れが加速し、個人事業の開業や会社設立のハードルも、かつてよりかなり低くなったように見受けられます。

ただ、現在はコロナ禍の影響で全体的に起業を控える傾向にあります。とはいえ、コロナ禍が終わり経済が回復するにつれて、また起業する人も徐々に増えてくると予想されます。

そして、起業➡会社設立➡法人化というと、まず株式会社が思い浮かびますが、株式会社より簡単なうえローコストで設立できるという点で、いま注目されているのが合同会社です。

合同会社というと、アメリカの世界的IT企業である**GAFA**＊の日本法人は、旧Facebook（現Meta）社以外の3社が合同会社へ移行しています。

●株式会社よりも合同会社

これからは、タイパもコスパも、合同会社の方が、株式会社の上を行く時代に。

ポストコロナの起業の受け皿は、合同会社で決まり！

＊ GAFA

Google（グーグル）、Apple（アップル）、旧Facebook（フェイスブック）、Amazon（アマゾン）の略。Microsoft（マイクロソフト）社を入れて、〝**GAFAM**〟とも呼ばれるが、Facebook社がMeta Platformsに社名変更したので、これらの呼び方ももはや時代遅れかもしれない。

◇ コロナ後は、会社経営は一層厳しくなる

そして報道などによれば、いまや、景気減速懸念などから相次いで大規模な人員削減に踏み切るなど、かつての勢いは失われつつあります。景気減速懸念から企業がインターネット広告の配信を控えていること、コロナ禍の巣ごもり消費で好調だったネット通販の売上が経済の正常化に伴い減少、さらにインフレの影響で人件費などのコストが増大していることが要因とされています。

◇ 会社運営にはスピーディーな意思決定が求められる

さて、GAFAが合同会社を選ぶ最大の理由は、合同会社の最大のメリットの1つである、出資者＝経営者自らによるスピーディーな意思決定が可能な点です。

合同会社は、株式会社と異なり、出資比率（持ち株数）に関わらず、自由に利益配分を行えるため、柔軟かつ大胆な経営が可能なのです。

いい方を変えると、合同会社は株式を発行しないため、株式を用いて投資家から幅広く資金を調達する道は閉ざされています。それでも多くの会社が合同会社を選択する理由は、意思決定がシンプルかつスピーディーだからです。

株式会社では、経営上の重要事項を決める際、会社法に定められた、株主総会の開催やら決議やら何段階ものプロセスがあります。役員に任期も伴い、役員改選を含め、何かと手間ひま、ランニングコストもかかります。

●合同会社の優位ポイント

まずは、スピーディーな意思決定。

対する株式会社は、プロセスが何段階もあって複雑。手間ひま、ランニングコストもかかり過ぎ。

時短、といえば合同会社！

スピーディーな
意思決定！

合同会社

プロセスに
縛られ遅い！

株式会社

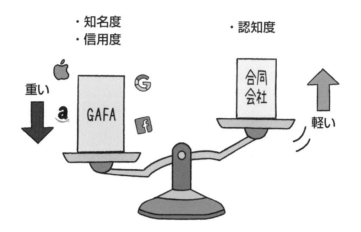

GAFAの天びん

・知名度
・信用度

・認知度

重い

GAFA

合同
会社

軽い

◇ 合同会社のメリット、デメリット

　しかし、出資者＝経営者である合同会社においては、意思決定のための会社法上の縛りはほとんどなく、出資者同士で決めればそれでいいのです。会社法上の面倒な決まり事が、合同会社ではほとんど存在しません。

　出資者＝経営者なので、万一経営に失敗しても消えて無くなるのは自己資金だけ。第三者に悪影響を及ぼさなければ、社内のプロセスは自由に決めていいのです。

　株式会社の場合、出資者が増えるにつれて、意思決定の際のプロセスの負荷が増大します。そんな面倒がないのが、合同会社形態の大きな魅力です。

●所有と経営
　合同会社は、所有と経営が一体。
　所有と経営が別々の株式会社は、出資者＝株主に縛られて、自由な経営はほど遠い。
　フットワークの軽さなら何といっても合同会社。

経営に失敗しても
自己資金が
なくなるだけ

合同会社

合同会社のメリットとデメリット

○スピーディな意思決定	×知らない人からの信用度が低い
○決算広告が不要	×意思決定に社員全員の同意が必要
○役員の任期がない　など	×個人事業主に比べ、社会保険料の負担がある　など

要するに、合同会社は、株式会社と異なり所有と経営が一体のため、株式会社より簡単で安上がり、決算公告の手間も不要、経営の自由度が高いなどのメリットがある一方で、デメリットは、歴史が浅くまだ十分浸透していないことからくる信用度の低さですが、GAFAのようなすでに世界的に有名な企業にとっては、それも大した障害ではないといえます。

◇ 法人への課税とアメリカのパススルー課税

さらに、アメリカ企業の場合、**パススルー課税**が大きなメリットとされます。パススルー課税とは、「**構成員課税**」とも呼ばれ、法人などにおいて発生した利益に対し、直接当該の法人などには課税されず、その利益の配分を受けた出資者、構成員などに課税される制度のことです。アメリカの税制上、アメリカ企業はパススルー課税が選択可能です。

パススルーの制度の下では、法人が納税するのではなく、出資者が直接納税義務を負います。法人が介在しないぶん、当事者がより明確に見えます。合同会社の場合、債務や利益が、日本法人ではなく代表であるアメリカ法人に直接入るため、流れがより"見える化"されます。

これに対して、日本の合同会社の場合、普通法人課税といって、株式会社と同じように会社には法人税が課されるとともに構成員の配当には所得税が課されます。

●必殺のスルーパス

パススルー（スルーパスともいう）課税とは、アメリカ企業が選択可能な、税制上の大きなメリット。

アメリカ企業の日本法人が合同会社なら、債務や利益の流れが"見える化"する。

●有限責任事業組合(LLP)と任意組合

現在、わが国でパススルー課税が認められているのは、法人格のない組合だけ。法人格がないため、利益が出た場合に法人税が課税されずに出資者に直接課税される。出資者の責任については、民法上でいう任意組合の出資者が無限責任であるのに対し、有限責任事業組合(LLP)の出資者は有限責任という違いがある。

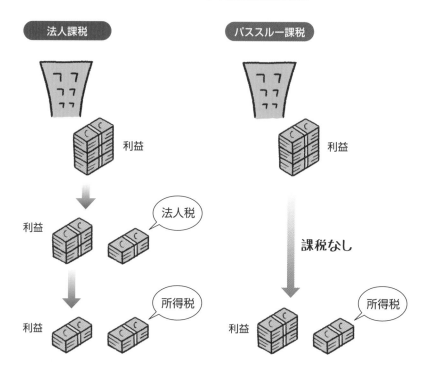

合同会社とはなにか（日本版LLC）

アメリカをモデルに、日本でも右肩上がりに増えている合同会社。いまや1日あたり約100社の合同会社が誕生しています。

 日本での昨今の合同会社ブームの実態は？
増加件数の推移は？　その背景にあるのは何か？

◇ 法人の約1/4が合同会社に

合同会社とは、アメリカの**LLC***をモデルにした会社形態で、国内では"**日本版LLC**"ともいわれています。2006（平成18）年の会社法改正により導入されました。

アメリカでは非常に普及している形態であり、日本でも2019年に設立された法人の約1/4が合同会社となっています。大手企業でも合同会社形態のケースもあり、日本でも徐々に浸透しつつあります。

株式会社が「出資者である株主（所有者）」と「経営者」が分離しているのに対し、合同会社は「所有と経営が分離していない会社」です。株式会社であれば、株主がお金を出資して会社を所有し、実際の経営は代表取締役をはじめとする経営陣が行います。一方、合同会社では、出資者がそのまま経営者として経営を行うことができます。

もっとも、起業当初は株式会社にしても、自分で出資してそのまま代表取締役として経営にあたるのが一般的です。起業当初に限れば、株式会社であっても所有と経営が分離しているものでもなく、合同会社と同じといえます。

* LLC
Limited Liability Company の略。

● 日本版LLC
アメリカ生まれのLLCが、日本に導入されたのが2006年。
それから、20年近くを経て、"日本版LLC"はどこまで日本に根付いたのか!?
いまや、新たに設立される法人の1/4が合同会社、というのがその答え。

◇ 合同会社設立は10年で4倍以上

　株式会社の設立件数はほぼ横ばいなのに対し、合同会社の設立件数は、ここ数年右肩上がりに伸びています。

　2011年の設立件数は9130件でしたが、2021年は3万6934件となり、この10年で4倍以上に増えています。いまや1日あたり約100社の合同会社が誕生している計算になります。

　その背景としては、合同会社が向いている事業分野が、小売やサービス業、IT関連など、エンドユーザー向けの小規模BtoC事業だという点が指摘されます。

　これらの事業は、新規参入しやすいのに加え、商品、サービスさえ充実していれば、合同会社形態でも問題なく事業が展開可能です。

　むしろ、スピーディーで小回りのきく経営を進められる合同会社の利点が活かせる事業分野ともいえます。

●伸びしろがあるのはどっち!?
　合同会社はここ10年で4倍増！
　これに対し、株式会社はほぼ横ばい。
　成長頭打ちの株式会社に対し、合同会社は伸びしろいっぱい！
　ネット通販など、これから伸びる小規模BtoC事業なら、合同会社がぴったり！

合同会社設立件数の推移

年度	設立数	年度	設立数
2006（平成18）年度	3,392	2014（平成26）年度	19,808
2007（平成19）年度	6,076	2015（平成27）年度	22,223
2008（平成20）年度	5,413	2016（平成28）年度	23,787
2009（平成21）年度	5,771	2017（平成29）年度	27,270
2010（平成22）年度	7,153	2018（平成30）年度	29,076
2011（平成23）年度	9,130	2019（令和1）年度	30,424
2012（平成24）年度	10,889	2020（令和2）年度	33,287
2013（平成25）年度	14,581	2021（令和3）年度	36,934

合同会社の設立件数

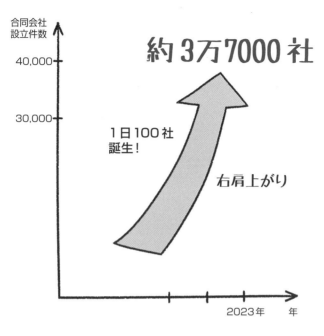

合同会社
設立件数

40,000

30,000

約 3万7000 社

1日100社
誕生！

右肩上がり

2023年　　年

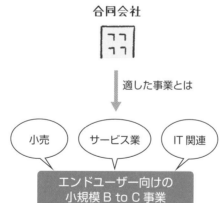

合同会社

適した事業とは

小売　　サービス業　　IT 関連

エンドユーザー向けの
小規模 B to C 事業

個人事業との違いは

独立起業は、まずは個人事業主からが現実的です。足元が固まり法人化を考えるとき、最適な会社形態は何でしょうか？

 法人化は個人事業主として成功してからでも遅くない！
法人化する際は、合同会社が最適な選択肢

◇ 出資で成り立つ法人

　そもそも**個人事業主**とはどういったもので、法人とはどこが違うのか。これから独立起業を考えている人に向け、個人事業主の定義や法人との違いについて比べてみましょう。

　個人事業主とは、法人を設立せずに個人で事業を行っている形態をいい、自営業者ともいわれます。多様化する働き方の選択肢の1つとして最近注目を集めているフリーランスも、個人事業主の一種です。

　個人事業主として独立するには、まず税務署に「開業届」を提出して事業の開始を申請します。
　個人事業主は、事業主1人だけ、あるいは家族や少人数の従業員のみの小規模経営が多くみられます。法人は、株式会社の場合、株主などの出資者が出資をして設立します。登記や定款などの作成が必要で、設立費用も20〜30万円程度かかり、時間も要します。合同会社でも、設立費用は6〜10万円かかります。

●設立費用①
　個人事業主＝自営業者は、そもそも何も設立しないので、勝手に名乗るだけ。かかる費用も、事務所を構えたり、ホームページを開設したり、名刺を作ったり、といった実費だけ。
　これは、株式会社だろうが合同会社だろうが、違いはない。

●起業を考える場合の2つの選択プラン

起業

個人事業　　法人

18

◆ 合同会社の設立費用

合同会社の設立には以下の費用がかかります。

・登録免許税：6万円〜（または資本金の0.7%、いずれか高いほう）
・定款を紙で作成する場合の収入印紙代：4万円
・法人実印の作成費用：5000円程度
・その他、印鑑証明取得費（300円×必要枚数分）、登記簿謄本の発行費（500円×必要枚数分）
・資本金：1円以上

合計約11万円ですが、定款は電子データで作成（電子定款）すると収入印紙代はかかりません。

設立コストを抑えたい場合は、電子定款での作成をおすすめします。

● 設立費用②
　合同会社は6〜10万円なのに対し、株式会社は20〜30万円と、ざっと倍以上。
　株式会社は、経営の自由を奪う株主を、わざわざ合同会社の倍以上の費用をかけて置くだけのこと。

個人事業と法人事業の開業手続きの違い

個人事業の場合

個人事業主　──開業届 提出──▶　税務署

法人の場合

1名以上の社員（発起人含む）　──会社設立登記──▶　法務局・税務署など関連機関

定款作成
社印作成
資本金振込

合同会社は資本金1円から設立可能ですが、会社の信用度を高めるうえで、ある程度の資金（半年分程度の運転資金）を準備した方がいいでしょう。

◇ 個人事業から法人化へ

一方、個人事業は所轄の税務署に「開業届」を提出すればそれだけでOKです。法務局に登記をするなどの手間や費用はかかりません。

独立起業の流れとしては、すぐ法人を設立するのではなく、まず個人事業主として事業を始め、一定の事業規模になったら法人化（個人事業を法人化するのを「**法人成り**」という）するのが一般的で妥当な流れといえます。個人事業主として成功したら法人化すればいいのです。

● 「法人成り」って

個人事業主として事業を行っている者が、法人（一般的には、株式会社）を設立して、その法人組織の中で事業を引き継いで行っていくこと。

"事業を引き継いで行っていく"という点が、大きなポイント。

着手から開業までのコスト

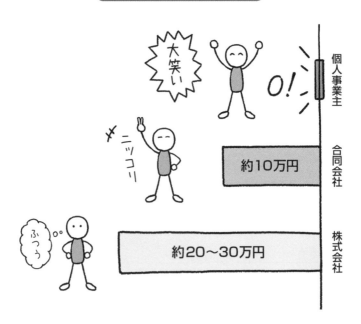

法人化に際して最適な会社形態は何かというと、それは合同会社といっていいでしょう。そもそも小規模企業向けに設けられた合同会社は、個人事業主の法人化にはうってつけです。個人事業主は、1人だったり家族や友人と起業するスモールビジネスからスタートするのが大多数です。

自己資金で小規模にスタートするのなら、合同会社を選べば、法人化の手間ひま、コストを軽減できます。さらに、個人事業主より節税効果も見込めます。

すなわち合同会社は個人事業主よりも、ある程度利益が出ると節税しやすいというメリットがあります。詳しくは、第2章で説明しますが、こうした節税効果を踏まえ、高収益で、かつ経費が比較的少なく利益率が高い事業であればあるほど、合同会社が向いています。起業に自信がある個人事業主は、合同会社を選択してみるのも手といえます。

さらに付け加えると、会社設立に際し、初期費用を抑えたい個人事業者や、会社経営に要するランニングコストを抑えたい個人事業主は、合同会社に向いているといえます。

◇ 人材採用も鍵！

もう一点、人材採用の面からみても、合同会社などの「法人」に比べて個人事業主は不利なので、留意してください。

事業を展開するうえで重要な要素である「ヒト・モノ・カネ」のうち、「ヒト」に関しては、人材を確保するための採用が鍵となりますが、その採用を左右するのが社会保険への加入です。

合同会社などの「法人」の設立には、社会保険（健康保険と厚生年金保険）への加入が義務化されています。これに対して個人事業主は特定の場合を除いて義務となっておらず、ほとんどの場合、社会保険に加入していないのが実情です。

●ゴールは1つではない！
　個人事業主➡小規模企業への"法人成り"なら、スモールビジネスに向いた合同会社に。
　さらに、企業規模拡大を目指し、資金調達を図るなら、株式会社に。
　とはいえ、株式会社がゴールではなく、合同会社で完結する道もある!?

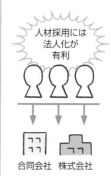

人材採用には
法人化が
有利

合同会社　株式会社

第1章　合同会社ってどんな会社

　先々、人材採用面で考えると、合同会社などの「法人化」を選択した方がベターといえます。

　最後に、借金したり事業で損失を出した場合、合同会社や株式会社は「有限責任」なのに対し、個人事業主の場合、借金や負債はすべて個人で負わないといけない（無限責任）というリスクがある点を、くれぐれも留意しておきましょう。

●最悪の場合に備えて
　事業で失敗するなら、法人成りした方がマシ!?　というのは極論にしても、「最悪の場合」を考えると、「有限責任」の壁に守られた法人、それもよりハードルが低い合同会社を選択するのがベター、という考え方もあり!?

合同会社、株式会社は
有限責任で守られる！

事業設立の際の個人事業主と会社法人の違い

	個人事業主	法人
事業の主体	個人（代表者自身）	法人
登記の有無	不要	必要
資本金	不要	1 円以上
出資者	本人	1 名以上
設立費用	無料	最低 6 万円～ 20 万 2000 円
設立までの時間	即時即日	数日かかる。ただし最短即日も場合によっては可能

個人事業を法人化した場合のプライベートな税務面でのメリット

	個人事業主	会社法人
事業主の所得	給与所得控除は受けられない	事業主への役員報酬は経費になる上、給与所得控除が受けられる
家族への給与	配偶者控除などに制約がある。白色申告での専従者は、配偶者控除や扶養控除の対象とならない	家族へ給料を支払えば経費として税金が安くなり、配偶者控除や扶養控除が受けられる
事務所家賃	賃貸なら、家賃の半分が経費に	賃貸なら、家賃の半分以下が経費に
水道光熱費	家賃同様、費用の半分が経費に	家賃同様、費用の半分以下が経費に
生命保険	個人の保険として経費とならないが、一定の控除	会社で入れば経費として全額控除
退職金	経費として認められない	経費として認められる
慶弔金	経費として認められにくい	経費にできる
接待交際費	経費として認められにくい	経費として認められやすい
赤字決算	白色申告では繰越しはできない	赤字を翌年以降 3 年間繰り越せる

4 株式会社との違いは

スモールビジネスは個人事業主でスタートし、起業に自信があれば合同会社を選択して、法人化するのが早道。

 株式会社から合同会社へ。
会社の形態も時代にフィットしてスピーディーに変化を！

◇ 株式会社と合同会社のメリット・デメリット

独立起業にあたって、スモールビジネスは個人事業主でスタートし、起業に自信があれば合同会社を選択して、法人成りするのが早道です。

さらに、ビジネスをどんどん拡大したい意欲的な事業者や、資金調達の手段を拡充したい事業者は、株式会社を選択すればいいでしょう。

これから独立起業を考えている人に向けて株式会社と合同会社のメリット、デメリットや、違いについて比較してみましょう。

●合同会社から株式会社への移行

会社の形態は、設立後ずっと変えられないということはなく、いつでも変更可能です。そのため、設立当初は個人事業主〜合同会社でそろりとスタートし、経営が軌道に乗りビジネスが拡大してから株式会社に移行すればいいのです。

合同会社から株式会社へ組織変更する場合の手続きとしては、既存の合同会社を解散し、新たに株式会社を設立します。

●起業の王道

スモールビジネスに向いた合同会社。

資金調達をするなら株式会社。

ビジネス拡大につれ、合同会社から株式会社に移行、というのが起業の王道パターン。

●事業のスタート

スタートは、個人事業か合同会社が無難！

株式会社と合同会社の比較

種類	株式会社	合同会社（LLC）
設立実費（登録免許税等）	約24万円〜	約10万円〜
ランニングコスト	かかる	「役員変更登記の登録免許税」不要
設立手続きに必要となる書類の数・難易度	多い・はん雑	「定款認証」不要・低難度
出資者の責任	有限責任	有限責任
法人格	有り	有り
課税方法	法人課税	法人課税
組織設計	会社法の制約有り	会社法の制約有り
利益配分・議決権	原則、出資比率による	定款で柔軟に規定
組織内部規定	会社法の規定により設定	定款で柔軟に規定
出資者数	1人以上	1人以上
役員数	1人以上	1人以上
役員任期の有無	有り	なし
資本金	1円以上	1円以上
決算公告義務の有無	有り	なし
設立登記の要否	必要	必要
変更登記の要否	必要	必要
設立手続の難易度	複雑	簡素
設立期間	約1か月程度	数日から10日程度

　まず、合同会社の総社員で組織変更計画を決定。次いで合同会社の債権者に対し、株式会社へ組織変更する旨、官報で知らせます。

　その後、組織変更の効力発生➡組織変更登記の申請を経て株式会社となり、同時に合同会社の解散手続きも進めます。登記完了後、関係官庁へ書類を提出すれば、すべて完了です。

　さらに、株式会社として社会的信用を獲得して資金調達の道筋をつけてから、スピーディーで自由な経営を目指して、また合同会社に戻すのも大いにありです。

　この章の冒頭に触れたGAFAの日本法人がいい例です。会社の形態も、いまの時代にフィットして、スピーディーにどんどん変えればいいのです。

　こうした時代の追い風を受けて、合同会社はこの10年で4倍以上に増え、いまや1日あたり約100社以上の合同会社が誕生しているのです。

● GAFA流 "逆出世魚" !?
　個人事業主として成功 ➡ 法人成りで合同会社に ➡ さらにビジネス拡大で株式会社に ➡ 経営の自由度とスピーディーな意思決定を目指し、また合同会社に移行するというのが、GAFA流 "逆出世魚" パターン。

　スピーディーでフットワークが軽いのが、合同会社の特長でもある。

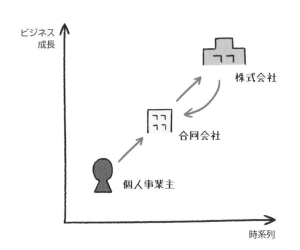

成長に適した組織形態とは

ビジネス成長

株式会社

合同会社

個人事業主

時系列

● 起業家の夢

スモールビジネスでスタート。夢は大きくGAFA超え！

●歴史の浅い合同会社

　株式会社にするか、合同会社にするか、優先順位としては合同会社が先にしても、やはり迷うときもあると思います。

　合同会社は、株式会社と異なり所有と経営が一体のため、株式会社より簡単で安上がり、決算公告の手間も不要、経営の自由度が高いなどのメリットがある一方で、デメリットは、歴史が浅くまだ十分浸透していないことからくる信用度の低さがあります。

一方、株式会社では、経営上の重要事項を決める際、会社法に定められた、株主総会の開催やら決議やら何段階ものプロセスがあります。役員に任期も伴い、役員改選を含め、何かと手間ひま、ランニングコストもかかります。

●士業に相談するのも手

株式会社、合同会社それぞれメリット、デメリットがあり、どちらで起業するかは、起業時の事業主の状況や事業形態にも左右されるので、どうしても決断がつかないときは、会社の将来像、将来に向けた資金調達の方法、イメージ作りなど、様々なことを検討して決めないといけません。

判断をしかねるときは、税理士・行政書士といった士業を始め、起業サポートの経験、知見が豊富なプロに相談するのも一手です。

会社の設立は、相談する内容により最適な相談先が異なりますが、次のような項目については以下の専門家に相談するのをおすすめします。

●士業（しぎょう）とは
高度な専門資格を必要とする職業の通称であり、末尾に「〜士」がつく。

代表的なのは8士業。弁護士、弁理士、司法書士、行政書士、税理士、社会保険労務士、土地家屋調査士、海事代理士。

士業

相談内容による専門家の選び方

相談内容	相談・依頼する専門家
会社設立	司法書士、行政書士
税務届出・会計・税務申告	税理士
社会保険等加入手続き・労務	社会保険労務士
許認可の必要判断・手続き依頼	主に行政書士（内容により社会保険労務士）
資金調達・創業融資	認定支援機関、税理士、中小企業診断士
経済産業省関係補助金	認定支援機関、税理士、中小企業診断士
厚生労働省関係補助金	社会保険労務士
商標・特許の相談、手続き依頼	弁理士
法律相談	弁護士

	経営の自由度・スピード	資金調達	知名度・信用度	開業コスト
合同会社	○	×	×	○
株式会社	×	○	○	×

合同会社と株式会社のメリットとデメリット

☞ ほぼ互角、どのポイントを重視するかにより、判定は異なります。

COLUMN 合同会社の落とし穴……夫婦編

　スモールビジネスを起業するような場合においては、少人数でフットワークの軽い組織で事業を行うことができる合同会社が適しています。特に、夫婦や親子といった家族で起業する場合には合同会社が向いています。

　家族経営、夫婦経営には、社員が身内だけなので毎日コミュニケーションを密にとることができる、という利点があります。

　合同会社の経営で、最も重要なことの1つに、社員への利益の分配があります。

　株式会社では、基本的に出資金額に応じた比率で分配を行います。この分配を自由に行うことができるのが合同会社です。夫婦で起業した場合、必ずしも出資額が同額とは限りません。

　たまたま妻の方が預貯金があるので、多く出資するというケースも考えられます。一方で、夫が中心になって会社を経営するといった役割分担もあり得ます。

このような場合に、出資金額とは別に、会社への貢献の評価を行い、その結果をお互いの利益の分配に反映させることができます。

　しかし、このような利益分配も、夫婦関係が良好なうちはいいのですが、ひとたび夫婦関係が悪化すると、ドロ沼化しがちで、そうなると目も当てられません。

　合同会社の問題点としては、社員が偶数だと対立しやすいということがあります。それは、社員がすべて議決権を持っていて、社員の議決権に差がないからです。定款で特別な定めがない限りは、決議の際それぞれの社員が1人1票で意思決定します。そのため、社員が偶数の場合は、議決を行っても票数が半々になりがちで議決ができず、社員同士で意見の対立が生まれやすいのです。

　夫婦げんかは会社のスピーディーな意思決定を阻害し、ひいては会社の崩壊に結びつきかねません。

　夫婦和合こそ、夫婦合同会社の存続・繁栄の肝といえます。

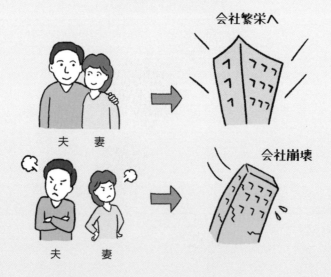

夫婦で合同会社

会社繁栄へ

夫　　妻

会社崩壊

夫　　　妻

第 ② 章

会社設立の基本知識

会社経営に伴う責任〜無限責任、有限責任とは
合同会社は税金を抑えられるって本当？

・合同会社がどんな会社かわかったら、次に会社設立の基本
　知識を知ろう。
・会社の種類はいくつあるの？
・その中で合同会社の位置づけはどうなのか。

会社にはどんな種類があるの？

会社の種類は4種類。あれ、「有限会社」ってもうないの？

 株式会社は「所有と経営」が分離しているのに対して、
合同会社は「所有と経営が分離していない」会社なのだ！

◇ 会社の4分類

そもそも会社とはどういう組織のことをいうのでしょうか。会社とは、営利を目的とする営利法人のことです。さらにいえば、会社は会社法に基づいて法人登録を行っている営利法人のことです。

会社法では、会社は4種類に分類、規定されています。それは、株式会社、合同会社、合資会社、合名会社の4種類です。そのうち、株式会社以外の、合同会社、合資会社、合名会社の3つを**持分会社**といいます。この会社と法人の種類をまとめたのが以下の図になります。

●所有と経営

所有と経営の問題は、経営学において最も重要なテーマ。

株式会社では、会社を所有しているのは株主、会社を経営しているのは取締役などの経営者で、所有と経営の分離が株式会社の原則。

一方で中小企業の場合は、経営者が株主であることが多く、所有と経営が一致している。合同会社がスモールビジネスに向くのが、これからもわかる。

法人の種類

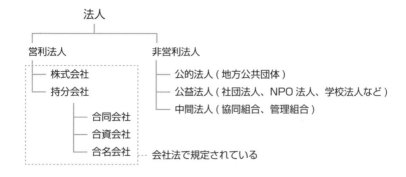

◇ 持分会社の仕組み

　会社法では、株式会社の出資者を、**株主**と呼び、持分会社の出資者は**社員**と呼びます。ここでいう「社員」とは、従業員の意味ではありません。会社に資金を拠出して、会社の持ち分を有する者（会社の所有者）という意味です。

　持分会社の社員は、株式会社と異なり社員間の信頼関係が厚く、社員自身が経営能力と経営意欲を備え、社員自ら会社の業務執行にあたり、それぞれが会社を代表します。

　株式会社に出資した「株主」は、経営者とは区別されます。すなわち、株式会社は「所有と経営」が分離される仕組みとなっています。株主から資金調達をし、経営者が経営し、そして利益を出資者に還元する仕組みです。

●違いは社員の責任の度合い

　それぞれの違いには、構成が有限責任社員か、無限責任社員かといった、社員の責任度合いもあります。

　有限責任とは、会社が倒産した場合などに、出資者が「出資額を限度」として責任を負うことをいいます。逆にいうと、出資者は最悪の場合でも出資額以上に損することはないということです。

　一方、**無限責任**とは、会社が倒産した場合などに、出資者が支払いについての全責任を負うことをいいます。つまり、会社が支払いできないとき、無限責任を負う出資者は自己財産で支払う責任があるわけです。

　株式会社と合同会社が「有限責任社員のみ」、合資会社が「無限責任社員と有限責任社員」、合名会社が「無限責任社員のみ」となっています。（次ページの表参照）

●持分会社
　株式会社の対立概念。
　持分会社は、株式会社と比較すると設立コストやランニングコストが低い、所有と経営が一致している、定款自治が広く認められているというのが特長。

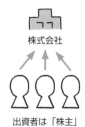

株式会社

出資者は「株主」

合同会社

出資者は「社員」

第2章　会社設立の基本知識

		会社の種類と社員の責任範囲		
会社		株式会社	有限責任社員のみ	所有と経営を分離している
	持分会社	合同会社	有限責任社員のみ	所有と経営が分離されていない
		合資会社	無限責任社員と有限責任社員	
		合名会社	無限責任社員のみ	

◇ 有限会社の扱い

　新会社法が2006年に施行され、有限会社法は廃止、合同会社が新設されました。

　新会社法の施行以前に設立された有限会社については、新会社法の施行後もそのまま有限会社の名称を使用することができることになりました。有限会社には、新会社法の株式会社に関する規定が適用されます。

　有限会社は、今後新規設立ができないことから、希少価値が生じているという側面もあります。

● 有限会社のメリット

　いま存在する有限会社は、2006年に会社法が施行される以前から続いている会社になるため、社名を見ただけで、「歴史や実績がある会社」というイメージを与えるメリットがある。

有限会社と合同会社

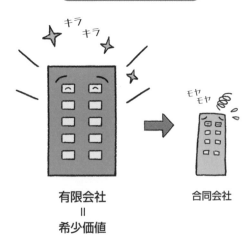

有限会社
＝
希少価値

合同会社

有限会社と合同会社の違いと共通点

項目	有限会社	合同会社
新設の可否	不可	可能
資本金	1 円以上 (従来は 300 万円以上)	1 円以上
認知度	高い	低い
株式の発行	不可 (譲渡制限株式のみ可)	不可
役員任期	なし	なし
決算の告知義務	なし	なし
社員総数の制限	なし (従来は 50 人以内)	なし
取締役会や監査役会の設置義務	なし	なし

合同会社の社員は 3 つ

①社員 ＝ 出資するだけの社員
②業務執行社員 ＝ 出資する ＋ 業務をする社員
③代表社員 ＝ 出資する ＋ 業務をする社員 ＋ 会社を代表する社員

合同会社の社員を株式会社の社員にたとえると

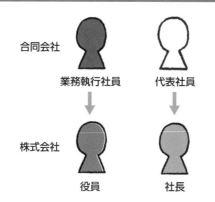

合同会社　業務執行社員　代表社員

株式会社　役員　社長

会社設立の基本知識を知ろう

会社設立の基本知識とは。全体の流れを知ろう。

会社設立を志してから、事業運営スタートまで 大まかな流れをつかもう

◆ 会社設立のための基本知識

　最低資本金制度が撤廃され、資本金1円でも株式会社を設立できるようになり、2006年の会社法改正で新たに合同会社が誕生しましたが、登記や定款の作成、役員の選任など、会社を設立するときには、様々な手続きや書類の作成が必要なのは変わりません。

　会社設立に必要な知識をざっと上げると、以下の項目となります。

- ・資金計画の立て方
- ・合同会社の仕組み
- ・会社設立費用
- ・会社設立のメリット
- ・資本金
- ・株式会社との比較
- ・諸手続の流れ
- ・定款作成
- ・設立申請手続の詳細
- ・銀行口座の開設方法
- ・税務署などの諸官庁への届出

● 出資金と資本金

　出資金を資本金に計上する場合、株式会社は出資金の1/2以上と規定されているのに対し、合同会社には規定はない。

　ただし、実際に設立する場合は、株式会社も合同会社も出資額全額を資本金に計上しているのがほとんど。

● 出資金の行方

退社する社員の出資金払い戻しや配当の原資となる。

そして、会社設立後に必要とされるのが、会社経営についての知識などです。

●会社設立の流れ

　会社を設立するまで、様々なハードルを越えていかなければなりません。繰り返しますが、会社設立はゴールではなく、事業運営のスタートに過ぎません。そして、実際に会社を設立する際の流れは次のとおりです。

● 1人で設立

　新会社法の施行後は、株式会社は1人で設立が可能になった。

　1人で設立が可能だった有限会社が新たに設立できなくなり、代わりに新設された合同会社も1人で設立が可能。

　1人で起業する場合、果たしてどちらで設立すればいいかは人それぞれ。

会社設立の全体の流れ

❶事業計画の立案と作成 — まずは最初に行うこと。

❷定款の作成と認証

❸出資の履行

❹登記申請 — 比較的難易度が高いので、窓口で担当者に聞いて進めるとよい。

❺各種届出

❻許認可申請（許認可が必要な事業の場合のみ） — 許認可が必要な事業は申請する。

❼事業運営のスタート

　合同会社の設立は、作業そのものは株式会社よりは容易ですが、それなりの手続きを踏む必要があります。「会社を設立しよう」と志して、最初に行うのが事業計画の立案と作成です。

●会社設立に伴う作業

　次に具体的な作業として、定款の作成と認証になります。定款の作成はすべての会社法人について必要ですが、持分会社（合名会社、合資会社、合同会社（LLC））の場合、公証人による定款認証は不要です。

　定款の作成と認証が終了したら、出資の履行（資本金の振込み）です。出資の履行が済んだら、いよいよ登記申請へと進みます。

　合同会社の設立に伴う作業で、比較的難易度が高いとされる登記申請ですが、窓口で担当者にたずねながら進めると、問題はないでしょう。登記申請完了後、登記簿ができたら、諸官庁への届出が必要になります。

　また、事業を行うにあたり管轄する役所の許認可が必要な事業を開始する場合には、あらかじめ許認可申請をしなければなりません。

　これらの作業がすべて滞りなく済んで、はじめて事業運営のスタートを切ることができるというのが、大まかな流れです。詳しくは、第5章で説明します。

●合同会社を選択するのはどんな人？

　1人で起業を考えている場合、合同会社を選択する人は、「法人であればなんでもいい」という人。

　とりわけ「法人にした方が税務上のメリットがある」という点だけで起業するのであれば合同社で十分といっていい。

会社設立に伴う様々な問題

税務署
会社経営　設立費用
資金計画
定款　資本金　銀行口座開設

頭の中がパンパンに

3 知っておきたい無限責任と有限責任

「無限責任」ではリスクがあり過ぎるので「有限責任」が登場。

 株式会社と合同会社は「有限責任」なので大丈夫
……「有限責任」は最後の命綱!?

◇ 有限責任とは

前述したとおり、**有限責任**とは、会社が倒産した場合など に、出資者が「出資額を限度」として責任を負うことをいい ます。出資者は最悪の場合でも出資額以上の負担はありま せん。

一方、**無限責任**とは、本文31ページでも説明しました が、会社が倒産した場合などに、出資者が支払いについて の全責任を負うことをいいます。

株式会社と合同会社が「有限責任社員のみ」となります。 もう少し詳しく説明しましょう。

株式会社や合同会社の出資者は、自分が出資した範囲内 でのみ会社の債務について責任を負うことになります。

具体的には、会社の設立時に資本金などの形で出資した お金については、会社が倒産したときには返ってこなくな りますが、その出資した金額を超えるぶんについては支払 い義務を負いません。

●有限責任のメリット・デメリット

有限責任のメリット は、出資した金額以上に 責任が追及されないとい うこと。最悪の場合でも 出資した金額が戻ってこ ないだけなので、出資す る側の心理としては資金 を出しやすいといえる。

一方で、有限責任のデ メリットはこれといって ない。

●有限責任

資本金

出資額

社員は、出資した 額の責任しか負う ことはない

　株式会社や合同会社のような有限責任の会社形態を選択することにはメリットがあるといえます。何人もが出資して事業を始めるような場合、現状では株式会社か合同会社を選択することになります。

　近年、産業規模が巨大化するにつれ、鉄道事業や貿易事業など、巨額な資金を要する事業が現れました。事業がうまくいかなくなって、出資した人が無限に責任を負わされるとなると、個人にいきなり巨額の借金が降りかかってくるので、出資にしり込みする人が多くなります。そこで、有限責任という制度が登場したわけです。

　このように、株式会社の株主などは、債権者に直接責任を負うわけではなく、出資した会社に出資額だけの責任を負い、債権者に対して「間接的に」責任を負っていることから、**間接責任**ともいいます。

◇ 無限責任とは

　無限責任とは、会社が倒産したときなどに、会社の債権者に対して負債総額の全額を支払う責任を負うことを指します。会社がすべての債権を払いきれない場合は、無限責任を負う者は個人の財産を持ち出してでも弁済しなければなりません。つまり、会社が支払いできないとき、無限責任を負う出資者は自己財産で支払う責任があるわけです。

　無限責任を負っている人は、直接債権者に対して弁済を行う責任が生じることから、**直接責任**ともいいます。

　現在、この無限責任を負う者（無限責任社員）を認めている会社形態は、**合名会社**と**合資会社**の2つです。

　「合名会社」は直接無限責任社員のみで構成される会社で、「合資会社」は直接無限責任社員と直接有限責任社員とが存在する会社のことをいいます。

●無限責任のメリット・デメリット

　無限責任にはメリットというほどのメリットはない。

　一方で、事業が破綻した時のリスクが大きすぎるというのがデメリット。

●無限責任

個人事業主や無限責任社員は、負債総額の全責任を負う

また、個人事業主や**民法組合***も無限責任を負います。

無限責任社員の場合、会社に出資するときには、金銭的な出資だけでなく、現物による出資や労務出資（労働することを出資すること）、信用出資（その人が持つ信用を出資すること）も認められています。

◇ 合同会社の場合

個人事業主が法人成りする場合に、最も多く選ばれるのが合同会社です。合同会社の場合は株式を発行しませんが、やはり会社の財布と経営者である代表社員の財布は別々です。株式会社と同様、会社に出資したぶんだけの有限責任となるので、最悪でも会社の倒産だけで済みます。

有限責任は、いわば、ビジネス撤退時の"最後の命綱"ともいえます。

●有限責任か？無限責任か？

有限責任のデメリットはこれといってないのに対し、無限責任にはメリットというほどのメリットはない。

となると、二択の答えは1つしかないだろう。

＊民法組合

2人以上の事業主が共通目的のために出資して共同事業を営む契約。

第2章　会社設立の基本知識

［ 有限責任は最後の命綱か ］

ビジネスのガケ

有限責任
ロープ

最後の命綱

会社の節税と消費税の知識

合同会社の節税効果って──消費税も免除！

合同会社は個人事業主よりも、利益が出ると節税しやすい
というメリットもあるぞ！

◇ 節税効果の例

　合同会社は個人事業主よりも、ある程度利益が出ると節税しやすいというメリットがあります。

　合同会社や株式会社のような法人は、個人事業主と税金の計算方法が異なります。

　個人事業主が法人化した場合、以下のような節税効果が期待できます。

①法人税率の適用で節税

　個人事業主の事業所得は「個人所得」として扱われるため、超過累進課税が適用されます。所得が高くなればなるほど税率も上がり、最高税率は45％にもなります。

　一方、合同会社は法人なので、税の計算には「法人税率」が適用されます。

　資本金額が1億円以下の場合、「課税所得金額（益金－損金）」が、

　800万円以下の場合 ➡ 15.0％
　800万円以上の場合 ➡ 23.9％

となります。

●合同会社の税金

　合同会社が納めなければならない主な税金は、法人税、法人住民税、法人事業税、特別法人事業税、消費税など。

　他に、会社で車を使う場合は自動車税、土地建物などの固定資産を所有している場合は固定資産税など。

所得税の
最高税率
45％!!

個人事業主の事業所得に
かかる税金

双方を比較すると、収入が330万円〜694万9000円を超える場合と900万円以上の場合は、法人の方が納税額を抑えられます。所得額により、個人事業主よりも納める税金が少なくなることもあります。

②役員報酬で節税

個人事業主の場合は「個人の所得＝事業の所得」となり、所得のすべてが納税対象ですが、法人の場合、社長個人の所得は役員報酬という形で給与を払うことで、経費としての計上が可能です。

さらに個人の役員報酬には所得税がかかるものの、「給与所得控除」があるためこれも節税になります。

生命保険料や慶弔費などの費用も、法人は経費として計上でき、経費の範囲が広いことから、節税効果もより高まります。

●役員報酬とは？

役員報酬は自分の裁量で決められて、うまく設定すれば効果的に節税できる重要な会社の経費。

代表者の給与で、会社設立時に決定する。

その際、高く設定するか、安く設定するか？

第2章　会社設立の基本知識

合同会社の節税効果

合同会社

法人税で軽減

消費税免除

節税効果の花いっぱい

個人事業主は事業の所得と個人の所得が同一に扱われますが、法人化すれば別々です。法人化すれば、役員報酬として個人に給与を支払う形となります。

個人の所得には「超過累進課税」が採用されますが、法人の場合は自身への役員報酬を低額に抑え、諸費用を会社の経費として申告することで、税金を抑えることができます。

まとめると、個人と法人を比較した場合、節税の面から考えると、年収が一定以上の場合は「超過累進課税」が適用されない法人の方が有利です。

一定以上の年収なら法人が有利

③消費税免除で節税

合同会社は株式会社と同様に、消費税免除が受けられます。資本金1000万円以下で、かつ特定期間の課税売上高が1000万円以下、もしくは特定期間の給与等支払額の合計額が1000万円以下の場合、設立から2年間は消費税納税免除が受けられます。

一般に、経費が少なく利益率の高い事業は、所得から経費を引いた「課税所得」が高くなりがちなので、合同会社に向いているといえます。

もともと個人事業主は所得額に応じた「所得税」を納めなければなりません。加えて、課税所得に対し10%の「住民税」がかかります。 課税所得が 695 万円の場合、所得税は23%、住民税が10%かかるため、合計の税率は課税所得の33%となります。

一方で、合同会社等で「法人化」していた場合は、法人税、住民税、事業税を合算しても税率は約25%と低くなります（課税所得 400〜800 万円の場合）。

同じ収入であれば、税金として納める額が少ない方が、当然多くのお金が手元に残ります。

●給与所得控除

個人事業主の所得は事業所得になるが、合同会社の経営者は会社から給与を受け取るため給与所得となり、給与所得控除を受けることができる。

給与所得控除は個人事業主が受けられる青色申告控除 65 万円以上の控除を受けることが可能。

●法人化した場合の税金

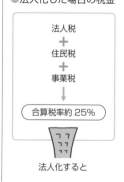

法人税
＋
住民税
＋
事業税
↓
合算税率約 25%

法人化すると

法人と個人事業主の税金の違い

	個人事業主	法人
所得税	事業の売上から経費を除き「事業所得」を算出してその5～45%	代表個人の役員報酬を「給与所得」として算出し、その5～45%
個人住民税	事業の売上から経費のほか各種控除を除き「事業所得」を算出してその約10%	代表個人の役員報酬を「給与所得」として算出し、その約10%
消費税	課税売上1000万円以上の場合支払う	課税売上1000万円以上の場合支払う
法人税	なし	かかる（税率15%～32.2%）
法人住民税	なし	かかる
法人事業税	なし	かかる
個人事業税	かかる	なし

合同会社、株式会社、個人事業主のメリットとデメリット

	責任	税金		
合同会社	○有限	×法人税等あり	○個人事業税なし	○節税効果
株式会社	○有限	×法人税等あり	○個人事業税なし	△節税効果
個人事業主	×無限	○法人税等なし	×個人事業税あり	×節税効果

☞ やはり有限責任と節税効果で、合同会社に軍配。

　第1章で少し触れましたが、合同会社が向いている事業分野としては、小売やサービス業、IT関連など、エンドユーザー向けの小規模BtoC事業が挙げられます。

　新規参入しやすく、商品、サービスさえ充実していれば、合同会社形態でも事業展開しやすいというのが、その理由です。

　スピーディーで小回りのきく合同会社の利点が活かせる事業分野ともいえます。

　合同会社に向いている事業・業種について、改めてまとめると以下のようになります。

・初期費用、ランニングコストを抑えたい事業者
・小規模なBtoC事業 (小売業、サービス業など)
・節税効果を求める個人事業主
・家族や友人、知人と起業する場合

などとなり、合同会社は、一般消費者向けのBtoC事業に向いているとされています。

　半面、合同会社は株式会社に比べ、どうしても知名度・信用性が低くなりがちなため"会社の信用性"を重視する「BtoB事業」ではどうしても不利になります。

　コロナ禍の2021年に全国で新設された法人は、14万4622社 (前年比10.1%増) と1割増えました。

　このうち、合同会社は、3万6934社 (前年比10.9%増、構成比25.5%) で、初めて3万6000社を超えました。

　構成比では、株式会社が緩やかな減少、合同会社は逆に緩やかに増加傾向と対照的に推移しています。

　新設法人の4社に1社を占める合同会社は、設立コストが安く、株主総会も不要など、経営の自由度も高いなどの理由から、設立数は右肩上がりが続いています。

　業種別では、経営コンサルタントなどノウハウや技術を提供する学術研究、専門・技術サービス業が5730社（構成比15.5%）で最多です。コロナ禍でも個人の経験や知識を生かした創業が堅調。

　これらの結果、身軽で消費者に近い業種の小規模事業者が法人化するにあたり、「合同会社」を選択していることが改めて浮き彫りになりました。

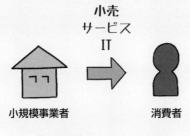

合同会社はスモールビジネスに最適

小売
サービス
IT

小規模事業者　　　消費者

小規模 B to C 事業

第 ③ 章

失敗しない設立計画の立て方

起業に伴う様々なリスク、トラブル防止法は？
お金をめぐるリスク、トラブルを洗い出そう！

・合同会社設立までのロードマップを書き出してみる。
・失敗しない設立計画の立て方は？
・設立前に準備することは？　手続きは？

合同会社の設立ロードマップ

会社設立準備から設立完了まで。でも、設立完了はゴールじゃない！ ここからが本当の
スタート‼

 ロードマップを参考に、設立までのタイムスケジュールをしっか
り立てて、一つひとつ着実に消し込んでいきましょう！

◇いよいよ事業開始➡会社運営へ。助成金の申請 などもぬかりなく。

前章で合同会社の設立は株式会社よりも設立費用が安く
て定款認証が不要と説明しましたが、設立の手続きは株式
会社の場合とほぼ同じような手順で進めていきます。

以下に、その手順をフローチャートで紹介します。

●設立までのタイムスケジュール①
以下のロードマップに予定日付を書き込み、合同会社設立チェックシート（本文184ページ参照）を利用してタスクを消していく。

> 合同会社の設立ロードマップ

会社設立準備➡設立項目の決定

社員の印鑑証明書を用意

※法人が社員の場合には＋会社謄本

会社名をインターネット登記情報で調査

会社実印の発注

定款の作成〜認証

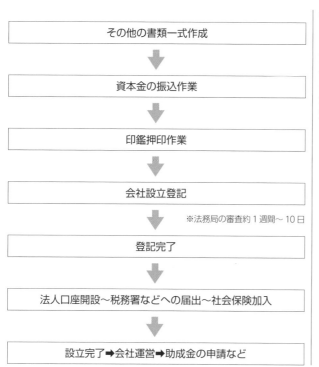

●設立までのタイムスケジュール②
　完全に準備が整った状態から始めると、1日で手続きを完了させることも不可能ではないが、少なくとも10日以上は見込んだ方がよい。

合同会社設立までの流れ

2 失敗しない設立計画の立て方

合同会社設立前に準備するものと
手続きの実際

合同会社の設立に必要なものは6件だけ。

合同会社設立の手順
"1円起業"はやめた方が無難!?　パソコン、車の現物出資も可能

◇ 合同会社設立に必要なものは6つ

いよいよ合同会社設立の手続きに入ります。

その前に、準備するものとしてチェックリストの作成があります。今後の作業を進める上で漏れているものはないか、また設立申請前の進捗状況を確認するためのものです。合同会社設立チェックシートは資料編の本文193ページに掲載されていますので、プリントして活用してください。

また、資本金に関係するものとして、以下のものがありますので、準備しておきましょう。

▼合同会社の設立に必要なもの

①社員の個人実印
②社員の印鑑証明書
③社員の銀行口座
④出資するお金または現物（資本金）
⑤法人の実印
⑥登記する為の住所（本店所在地）

● 押印廃止の流れ

内閣府は令和2年に、民間から行政への手続きの99.4%について、押印を廃止または廃止する方向で検討することを決めた。国や地方公共団体は押印の見直しをしたが、押印が必要な書類も一定数は残っている。

例えば、不動産の登記手続きに必要になる実印や会社の法人登記で必要になる代表者印など。

①社員の個人実印

　ここでいう社員とは、一般にいう従業員ではなく合同会社設立の際に「会社に出資を行う人」をいいます。

　これから合同会社を立ち上げようとしている人も社員です。定款などの書類には、信頼性を担保するために実印を押印します。

　なお、法人も社員になることができます。その場合は、法人の実印が必要です。法務局へ印鑑登録している実印を用意します。

②社員の印鑑証明書（発行から３か月以内のもの）

　社員であれば自分の実印を印鑑登録していれば**印鑑証明書**を取得することができます。

　まだ印鑑登録をしていない場合は、在住の市区町村役場で印鑑登録を行いましょう。印鑑登録は直接本人が役所へ出向いて行わなければなりません。申請が完了すると**印鑑登録証**というカードが発行されます。このカードを使って印鑑証明書を取得することができます。発行費用は１通３００円程度です。

　法務局へ添付するのは代表社員の印鑑証明書のみです。

　また、社員が法人の場合は、法人の印鑑証明書、登記事項証明書が必要です。これらも法務局で入手できます。

③社員の銀行口座

　合同会社に出資をするための銀行口座を準備します。合同会社設立前なので、まだ会社名義の銀行口座はありませんから、出資金は社員個人の銀行口座へ払い込みます。ネット銀行の口座やインターネットバンキングでも大丈夫です。社員が法人の場合は、法人名義の銀行口座が必要です。

●１円起業の実際①

　資本金が１円から会社が設立できるようになって十数年。

　制度上では１円で起業できるものの、実際に資本金１円でスタートすることはほぼ不可能。

　その理由は、次の＜１円起業の実際②＞を参照。

印鑑登録は直接本人が役所に出向く

④出資するお金または現物（資本金）

　合同会社に出資した金額が合同会社の設立時の**資本金**です。

　資本金の下限はありませんので1円以上準備しましょう。

　資本金が1円しかなければ、銀行口座が開設できなかったり、融資を受けられない、許認可を受けることができないなど、様々なデメリットが生じます。

　現金でなくても現物で出資することもできます。例えば、自動車やパソコン、プリンターなどです。現金を用意できない場合は、自動車や事業に必要なパソコンやプリンターなどの設備で出資することもできます。

⑤法人の実印

　合同会社を設立すると、法務局に会社の印鑑を届け出なければなりません。その印鑑を法人の実印といいます。

⑥登記する為の住所（本店所在地）

　合同会社を設立するには、会社の住所が必要です。これを**本店所在地**といいます。会社は、本店所在地の法務局に登記することにより成立します。

◇合同会社と株式会社の設立時における資本金

　資本金を決めるにあたっては、誰しも大いに頭を悩ますに違いありません。参考として、現状の合同会社と株式会社の設立時での資本金額を紹介します。

　現在、合同会社と株式会社の設立時における資本金には、違いがあるのでしょうか。

　e-Stat(政府統計の総合窓口)によると、2023年1〜3月での合同会社と株式会社の会社設立時における資本金階級別件数は、次ページの表とグラフで示すことができます。

●1円起業の実際②

　実際に資本金1円でスタートすることがほぼ不可能なわけ。

　それは、資本金は会社の開業資金でもあるから。1円で開業は無理な相談。

　事業を始めるための初期費用と、事業が軌道に乗るまでの運転資金のぶんは確保しておきたい。

本店所在地を
法務局に登記

　これを見ると、合同会社は資本金100万円未満が全体の4割強を占めるのに対し、株式会社は資本金100万円以上が8割強となっています。

　つまり合同会社は株式会社より少額な資本で設立されていることがわかります。

　また、第1章でも触れましたが、近年、合同会社設立数の伸びが大きく上昇していること、さらに直近では合同会社の設立数は株式会社設立数の半数近くあることが示されたわけです。

合同会社の設立時での資本金階級別件数

資本金階級	100万円未満	100万円以上	300万円以上	500万円以上	1000万円以上	2000万円以上	5000万円以上	1億円以上
1月	1,602	1,218	241	450	15	4	1	1
2月	1,411	993	178	438	11	3	1	2
3月	1,743	1,186	232	479	10	7	0	0
合計件数	4,756	3,397	651	1,367	36	14	2	3
総数に占める割合(%)	46.46	33.18	6.36	13.35	0.35	0.14	0.02	0.03

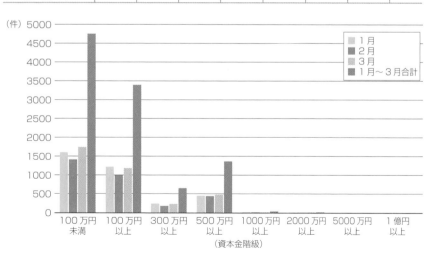

株式会社の設立時での資本金階級別件数

資本金階級	100万円未満	100万円以上	300万円以上	500万円以上	1000万円以上	2000万円以上	5000万円以上	1億円以上
1月	1,444	3,424	1,271	1,816	278	87	31	25
2月	1,193	2,739	970	1,490	231	86	19	17
3月	1,518	3,341	1,211	1,896	278	110	31	20
合計件数	4,155	9,504	3,452	5,202	787	283	81	62
総数に占める割合 (%)	17.66	40.39	14.67	22.11	3.34	1.20	0.34	0.26

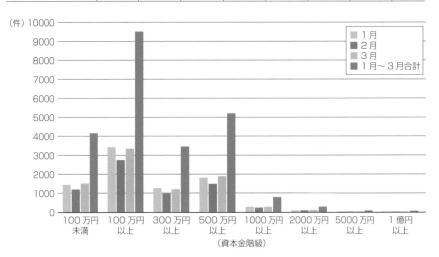

2023年1月〜3月の合同会社と株式会社の月別設立件数

月別設立件数	1月	2月	3月	1月〜3月累計
株式会社	8,376	6,745	8,405	23,526
合同会社	3,532	3,037	3,657	10,226

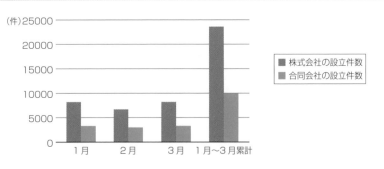

◇ 合同会社設立の手順

STEP 1 会社の基本事項を決める

会社を設立するにあたっては、まず会社の基本事項を決めなければなりません。会社の概要として主に必要な項目を、以下に列挙します。定款にも記載する内容なので、抜け落ちがないようにしましょう。

・商号

商号とは、会社の名前です。会社のイメージを表す重要な事項で、会社の雰囲気を伝える名前、理念を込めた名前など、様々な決め方があります。個人事業主から法人化する場合は、同じ商号を使ってもかまいません。

ただし、使用できない文字や記号があるので、注意が必要です。銀行やバンク、学校などは特定の団体を連想させる名称なので、法令で使用が禁止されています。

➡○ ひらがな、カタカナ、漢字、アルファベット、アラビア数字

➡○ 「○○代理店」「○○特約店」
　　× 「○○支店」「○○支社」等会社の一部門を示す文字
　　公序良俗に反するものも使用できません。

➡× 「○○賭博合同会社」

また、有名企業の名前と似た社名を使うと、不正競争防止法により損害賠償を求められることがあります。社名を決めるときには、類似する社名がないかをよく確認しなければなりません。類似商号は、法務省のオンライン登記情報検索サービスを利用した商号調査や、本店所在地を管轄する法務局で調べられます。

●合同会社設立の５つのステップ

STEP 1
会社の基本事項を決める
↓
STEP 2
定款を作成し、認証を受ける
↓
STEP 3
法人用の実印を作成する
↓
STEP 4
出資金（資本金）を払い込む
↓
STEP 5
登記申請書類を法務局に申請する

有名企業と似た社名

不正競争防止法により損害賠償を請求される恐れがある

第3章　失敗しない設立計画の立て方

・注意点

社名の前後には必ず、「合同会社」という法人格を入れます。

➡○ 「○○合同会社」「合同会社○○」
　×「○○LLC」
　ただし「○○LLC合同会社」は可

・事業目的

事業目的とは、その会社が行う事業内容のことです。会社は定款に記載された目的の範囲内の事業活動を行うことができ、定款に記載されていない目的を行うことはできません。目的の記載のやり方にも一定のルールがありますので、よく理解してできるだけ明確で過不足のない内容を心がけましょう。

あとから事業目的を変更する際は、定款と登記の変更手続きが必要です。事業目的変更手続きの登記申請には、登録免許税3万円がかかりますので注意しましょう。

会社設立時に、将来行う可能性がある事業を入れても問題ありませんが、むやみやたらに並べても、整合性が取れなくなるので、ほどほどにしましょう。

許認可が必要な事業は、目的への記載が必須です。また、そもそも会社で行うことができない事業や、他の法律で制限を受けている事業は、会社の目的として記載することができません。例えば、医療行為、税理士業務、司法書士業務などです。詳しくは本文68ページを参照してください。

●商号と屋号の違い

商号とは、法人登記を行っている会社の、会社そのものの名前のこと。

法的拘束力があるので、同一の商号を同じ所在地にある会社が使うことはできない。

一方、屋号とは、法人登記を行っていない個人事業主が、商売を行ううえで名乗ることができる店や事務所の名前のこと。

法的拘束力がないので、もし同じような名前を他人に使われて、トラブルが生じたとしても、権利を主張できない可能性がある。

許認可事業は目的記載必須

建設業、医薬品製造・販売、古物商、ホテル・旅館業、不動産仲介、飲食店、居酒屋、タクシー、ガソリンスタンド、酒造など。

● **本店所在地**

　本店所在地とは、会社の住所のことです。町名・番地を具体的に記載します。あるいは最小行政区画（市区町村、東京特別区、行政都市の場合は市、）まででもかまいません。

　その場合には、業務執行社員の過半数により具体的な所在場所を決定した、という決定書を作成することになります。法律上の住所であるため、実際の事業活動地と異なっていてもかまいません。

　自宅を本店所在地とすることはできます。レンタルオフィスやバーチャルオフィスの住所を登記することもできます。ただし、あとで事務所を移転すると登記の変更手続きと登録免許税が必要になるため、長期的に業務を行う場所を所在地に定めた方がいいでしょう。本店所在地が税務申告の納税地になります。

　また、同一住所に同一の商号があると登記できないので、レンタルオフィスやバーチャルオフィスの場合は、類似商号にも注意しましょう。

◦ **資本金**

　会社法では資本金の下限がないため、資本金1円でも会社設立は可能です。ただし、金融機関の融資制度を利用する際には、売上などとともに資本金もチェックされるので、資本金は多いにこしたことはありません。

　特に、会社設立当初は決算書がないため、会社の運営資金の基である資本金が信用度を測る尺度になります。極端に資本金が少ない場合は、会社の資本体力がないと見なされて、融資が受けにくくなる可能性がありますので、適正な金額を設定しましょう。資本金をあとから増減すると登記費用がかかるので、注意が必要です。金銭以外の現物を資本金にする「現物出資」も可能で、特に合同会社は検査役の調査が不要という利点があります。

第3章　失敗しない設立計画の立て方

資本金が少ないと融資してもらえないこともある

・設立日

会社の設立1期目の事業年度のスタートは、会社設立日からです。会社設立日は、法務局に設立の登記申請をした日で、法務局の審査が終了し登記が完了した日ではありません。

登記申請書類を郵送した場合は、書類が法務局に到着して申請が受理された日が設立日となります。設立日は自由に決めることができるので、特定の日付にしたい場合は日にちを逆算して準備しましょう。

・会計年度

会社は一定期間の収支を整理して、決算書を作成することが法律により義務付けられています。会計年度（事業年度）は、この決算書を作成するために区切る年度のことです。

会計年度を定めるには、決算月をいつにするのか決める必要があります。会計年度は1年を超えることはできず、半年にすることも可能です。

決算月は自由に決めることができますが、決算に際して、収支の計算や**棚卸**＊といった作業が発生するので、会社の繁忙期を避けて設定するのが一般的です。一度決めた事業年度は、その後、変更することが可能です。

・社員（出資者）

2-1節でも触れましたが、合同会社でいう「社員」とは、出資者兼役員のことを指します。合同会社は「出資者＝経営者」の持分会社で、出資したすべての社員に会社の決定権があります。

ただし、定款に定めた場合には経営に参加しない出資者＝社員も認められています。

また、社員には法人も認められています。ただし、法人が経営に参加する業務執行社員になる場合、法人は自然人（個人）を職務執行者として選任しなければなりません。

●会計年度を決める際のポイント

「会社の繁忙期を避ける」ことの他、「消費税の免税期間をなるべく長くする」ことも重要。

資本金1000万円未満で合同会社を設立した場合、基本的には1期目と2期目は消費税の納税を免除される。

会社が設立した月を会計年度の始期とすることで最大で丸2年間は消費税の納税を免れることができる。

●決算月の設定

決算月は棚卸のほか、税金や従業員のボーナス支給時期など自社の繁忙期を避ける。

＊棚卸

商品の数量や、固定資産と帳簿との差異を確認する作業。年に最低1回は行う。

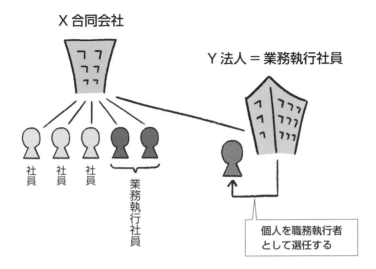

法人が業務執行社員になる場合

X 合同会社

Y 法人 ＝ 業務執行社員

社員　社員　社員　業務執行社員

個人を職務執行者
として選任する

・**業務執行社員と代表社員**

　合同会社の社員は、原則として代表権と業務執行権を有
します。しかし、出資者の中には経営に参加したくない人
や、経営能力のある他の社員に任せたいと考える人もいる
と思います。

　2名以上の社員がいる場合、定款に業務執行社員を定め、
経営に参加したい人だけに業務執行権限を与えることがで
きます。この経営に参加する社員のことを**業務執行社員**、
そして社員から代表権を与えられた人を**代表社員**といいま
す。

　通常、代表社員は業務執行社員の互選によって決められ
ています。

●出資者としてのみの社員

　合同会社で、出資者と
しての役割のみを担う社
員は、株式会社における
株主に類似した存在とい
える。

　このような社員は、本
店移転や商号変更など社
員の同意を要する手続き
において、株主総会での
株主と同様の決定権を持
つことになる。

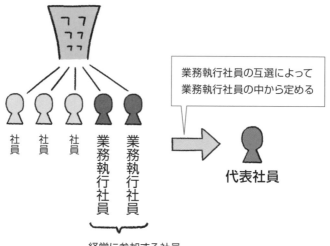

業務執行社員と代表社員

業務執行社員の互選によって
業務執行社員の中から定める

代表社員

社員　社員　社員　業務執行社員　業務執行社員

経営に参加する社員。
原則として会社を代表する権限を持つ

・公告の方法

　「公告」とは、決算や合併、組織変更、解散など、法律で定められた事項について、世間一般に知らせることをいいます。

　その手段としては、次の3つがあり、どれも選択しなかったときは自動的に「官報に掲載する方法」が当該会社の公告方法となります。

・官報に掲載する方法
・時事に関する事項を掲載する日刊新聞紙に掲載する方法
・電子公告

●業務執行社員と代表社員
　業務執行社員は、株式会社の取締役に近い存在。ただ、代表社員と同様に必ず出資を行っている点が異なる。
　一方、代表社員は、合同会社を代表する社員であり、株式会社における代表取締役に相当。ただし、代表取締役が必ずしも株式を保有する出資者であることを要しないのに対し、代表社員は必ず出資者である点が大きな相違点。

代表社員＝出資者

STEP 2　定款を作成し、認証を受ける

　会社の基本事項を決めたら、定款の作成に取りかかります。**定款**とは、会社を運営するうえでのルールをまとめたもので、「会社の憲法」ともいわれます。

　定款の作成は会社設立手続きの中でも時間がかかる作業の１つですので、余裕を持って準備することが大切です。

　合同会社も株式会社も、会社を設立するときには必ず定款を作成しなければなりません。定款には、商号（社名）や事業目的、本店所在地などの基本情報をはじめ様々な事項を記載しますが、その内容は合同会社や株式会社など会社形態によって違います。

　株式会社の場合は、作成した定款を公証役場に提出し、認証の手続きを行います。合同会社の場合、定款の作成は必要ですが、認証は不要です。

　認証手続きでは、認証手数料が3〜5万円程度かかります。一方、合同会社は定款の認証手続きが不要なので認証手続きの費用もかかりません。さらに合同会社の場合、株式会社のような株主構成や株式譲渡制限などの記載事項が必要ないぶん、株式会社よりも比較的容易に定款が作成できます。

　なお、定款には定型の書式フォーマットはありませんが、提出方式は紙か電子定款の2通りがあります。紙の場合は一般的にPCで作成して、印刷・製本して提出します。

　一方、電子定款は、PDFデータを電子認証で手続きする方法です。紙の定款で必要な収入印紙代（4万円）が、電子定款は不要なので、最近は電子定款が増えています。電子定款を作成するには電子署名のためのソフト・システムが必要なため、注意が必要です。

●定款作成のポイント

　定款の作成にあたっては、絶対的記載事項や用語の表現といった、どんな会社形態でも注意すべき点を押さえることはもちろん、「社員」制度による出資・持分形態といった合同会社特有のポイントを押さえて定款に反映する必要がある。

定款 ＝ 憲法

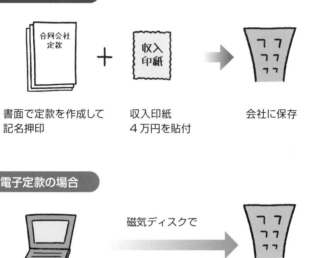

紙の定款と電子定款の違い

紙の定款の場合

書面で定款を作成して記名押印　　収入印紙４万円を貼付　　会社に保存

電子定款の場合

磁気ディスクで収入印紙は不要

PCで定款を作成し、電子署名　　会社に保存

STEP 3　法人用の実印を作成する

　社名が決まったらまず実印を作り、法務局で実印を登録するために必要な印鑑届書（本文190ページ参照）を準備します。法務局に設立登記の申請をする際、会社の実印が必要になります。

　実印以外に、法人口座の開設に用いる銀行印、請求書や納品書などに押印する角印（社判）も同時に作成しておきましょう。

STEP 4　出資金（資本金）を払い込む

　申請した定款が認証されてから、資本金の払い込みを行います。会社設立登記が、この時点ではまだ完了しておら

●押印廃止の流れ

　2021年の商業登記規則改正で、会社設立時に登記所への印鑑提出が任意となったが、書面で法人設立の登記を申請する際には、依然として印鑑や印鑑証明書が必要。

　また、オンラインで申請する場合でも、取引先との契約や官公庁の書類提出など様々な場面で印鑑を求められるケースがある。

ず会社の銀行口座を開設できないので、資本金の振込先は、発起人の個人口座になります。

　資本金は1円から申請可能ですが、最低限の資本金として、初期費用プラス運転資金3か月ぶん程度は準備した方がよいでしょう。

　登記申請時に、資本金の振り込みを証明する書類が必要なので、通帳のコピー一式（表紙と1ページ目、振り込み内容が記載されているページなど）を用意しておきましょう。

STEP 5　登記申請書類を作成し、法務局で申請する

　登記申請に向けて、申請書類の準備を行います（次ページ表参照）。

　登記申請は原則として本人（代表者等）申請となりますが、代理人（司法書士など）による申請も認められています。代理人が申請する際は、上記の書類に加え、委任状が必要です。

　登記申請後、特段不備がなければ通常1週間〜10日程度で登記完了➡会社設立の運びとなります。

●法人設立ワンストップサービス
　マイナポータルで、法人設立に関する諸手続きを一度に提出することができるサービス。
　「定款認証」や「設立登記」を含めたすべての行政手続きがワンストップでできる。

第3章　失敗しない設立計画の立て方

委任状

〇〇県〇〇市〇〇一丁目3番3号
江東六郎
　私は、上記の者を代理人に定め、次の権限を委任する。

1　当会社設立登記を申請する一切の件

　令和〇年〇月〇日

　　〇〇県〇〇市〇〇一丁目1番1号
　　〇〇合同会社
　　　代表社員　　中央太郎　　（会社代表印）

合同会社の登記申請に必要な書類

書類	内容
設立登記申請書	収入印紙貼付用の白地の紙を用意。
定款	紙または電子定款。紙の場合は収入印紙代（4万円）が必要。
印鑑証明書	代表社員分、登記申請日前3か月以内のもの1通。
払い込みを証明する書面	定款に記した資本金を証明する書類。通帳のコピー（通帳の表紙・1ページ目・振込が記帳されたページ）を払込証明書に添付。
印鑑届書	会社の実印登録のための届書。
別紙あるいは磁気ディスク	登記申請書に書ききれないほど登記事項が多い場合、別紙あるいは磁気ディスクにまとめて記載。記載した事項がそのまま登記事項になるので注意。
決定書	定款で本店の所在地を最小行政区画までしか定めていない場合は「本店所在地決定書」、代表社員、資本金額を定めていない場合には「代表決定書」、「資本金決定書」が必要。
登記事項証明書（会社謄本）	代表社員が法人の場合に必要。なお、申請書に会社法人等番号を記載した場合は添付を省略できる。

他に、以下に該当する場合に必要なもの

〈現物出資がある場合〉	〈法人が業務執行社員の場合〉
・財産引継書	・職務執行者を選任したことを証する書面（取締役会議事録など）
・資本金の額の計上に関する証明書	・職務執行者の就任承諾書

運営時のトラブル防止法

起業〜会社設立、運営はリスク、トラブルだらけ。いかにして防ぐか!?

 フィジカルもメンタルも、セルフコントロール、
マネジメントでリスク、トラブルからわが身を守ろう!

◇ 会社設立後、運営時のトラブルを防ぐには

起こりうるリスクと対処法をしっかりと把握して、トラブルを事前に回避しましょう。

最も重要な、お金にまつわるリスク、トラブルと対処法は、3-4節で解説しますので、ここではお金以外の要素について以下にまとめてみます。

◇ フィジカルヘルス

起業してすぐは、孤立無援で黙々と取り組む作業が多く、激務になりがちです。そのため、睡眠不足や運動不足に陥り、事務所にこもりきりになって、健康を損う場合もあります。

病気などになると、その間の医療費がかかる、売上が入らなくなる、取引先が離れていくなどの事業に悪影響が生じます。

こうしたリスクを避けるためにも、生活のペースを守り、定期的な健康チェックを欠かさない、といった健康管理を自主的に心がけましょう。

● 健康副業➡健康起業も

健康スキルを身に着けておけば、わが身を助けるばかりか、その知識を使って将来的にはヘルスケア市場に参入できる道が開けるかも。

副業から始めて、独立起業も夢ではない。フィットネスや介護、食事管理、予防医学、ボディメイキングなど、幅広い健康知識を学んでも損はない。

将来の事業拡大
に向けて、定款
にも健康事業を
盛り込んでおく!

合同会社

◇ メンタルヘルス

起業に伴うストレスも無視できません。経営責任や先行き不安から、メンタルヘルスを崩すこともあるため、心身を十分にケアすることが重要です。

事業については様々なシナリオを想定して備え、自分のメンタルヘルスについてはセルフマネジメントの方法を身に着ける、といった対策を講じましょう。

◇ アクシデント

事件、事故に巻き込まれて怪我をしたり、車を運転中の事故など、思わぬアクシデントも考えられます。そうなると病気と同様に、収入が途絶えたり、賠償金を支払うといったリスクに直面します。

こうしたリスクに対して、危険な場所には近づかない、移動手段は公共の交通機関を利用する、といった、より安全を意識した行動を心がけるとともに、保険に加入するなどの対策で、危機を最小化することもできます。

◇ プライベート

起業当初は、仕事とプライベートの両立が困難で、自宅にいても、絶えず仕事のことを考え、仕事のメールや電話がひっきりなしに入るなど、常に緊張し、心身ともに疲れ果ててしまいがちです。

仕事とプライベートの線引きを明確にして、オンとオフの切り替えを図りましょう。営業時間を決め、時間外のメールや電話にはワンクッション置いて応対するなり、自主規制しましょう。そして、取引可能な顧客を絞りこむことで、ひいては事業継続に向けたウィンウィンの関係を築くことも大切です。

●メンタルヘルスマネジメント

ストレス社会にあって、メンタルヘルス対策の重要性が高まる中、2015年には企業におけるストレスチェックが義務化された。これに対応し、働く人のストレス緩和に関する知識を問うメンタルヘルス・マネジメント検定が実施され、受検者数は毎年4万人前後と安定して推移。ストレス社会の必須資格ともなっており、学んで損はない。

起業当初から事業継続に向けてウィンウィンの関係を築いておく。社員の健康管理を図れ、将来も成長が見込める健康事業を定款に盛り込むのも一石二鳥の事業戦略。

合同会社　　取引先

また起業前は週末を家族と過ごしていたのに、起業後は仕事最優先で、家庭を省みずプライベートに仕事を持ち込むようだと、本来味方であるべき家族の不満が高まり、応援が得られにくくなります。

◇ 法律に関するトラブル

法律、規制はあくまで順守すべき事柄です。ルールに無頓着なあまり許認可を取り消されたり、訴訟を起こされたりすると、起業以前の深刻な事態を招きかねません。順法的な態度が求められます。

●業務上必要な注意とは
社会生活において、他人の生命や身体に危害を加えるおそれのある行為を反復・継続して行う際に、必要とされる注意。

起業トラブル

起業ストレス　過失　事故
多忙　法律　睡眠不足

起業トラブル

◇ 業務上の過失

業務上過失とは、「一定の業務に従事する者が、その業務上必要な注意を怠ること」とされ、従業員の事故による怪我や飲食店での食中毒、物品の破損などが該当します。これらも起業に伴うリスクにつながります。

訴訟に伴う賠償金や業務停止処分などにより、たちまち事業継続が困難になるので、絶対に避けなければなりません。

◇ 許認可、資格の更新、法改正への対応

営業許可や資格は、事業を展開するうえで重要な要素です。

こうした許認可や資格は、しばしば変更・改正されるので、随時対応しなければなりません。対応を怠ったり、たとえ対応していたとしても、解釈に齟齬(そご)があると、法令違反とされ、取り締まりにあう恐れがあります。

そうなると、取引先からの信用を失い、事業継続が困難になります。

業界団体への登録や同業者との情報交換で資格更新の情報入手に努めたり、専門家に相談するなどの対策を講じてください。

● 許認可を必要とする業種

・一般建築工事業

・不動産の売買、交換、賃借およびその仲介ならびに所有、管理、利用

・産業廃棄物収集、運搬、処理業

・旅行業代理店業

・一般および特定労働者派遣事業

・有料職業紹介事業

● 許認可が不要な業種

学習塾や通信販売業、リース業、コンサルティング業、ネイルサロンなどは、許認可不要で営業することが可能。

面積が 500m² 未満の駐車場経営に関しても、基本的には国や地方自治体の許認可を受ける必要はない。

なお、許認可が必要かどうかは、法改正などによって変わることがあるので注意が必要。

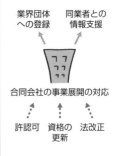

合同会社の事業展開の対応

・古物の売買業

・風俗営業法で定めるマッサージ業

・理容業、美容業

・飲食店業

・金融業

・投資顧問業

・酒類製造業

・薬局

・質屋

✧ 元勤務先への対応

　近年はほとんどみられませんが、独立して、元勤務先の取引先を引き継ぐ際に、「一定期間同業の職業につかない」という**競業避止**（きょうぎょうひし）**義務**の契約書を元勤務先と交わす場合もあるかと思います。

　対応をきちんとしておかないと、あとあと元勤務先から訴えられたりするリスクにつながりかねません。

　起業には様々なリスクも伴いますが、きちんと対処法を考え実行さえすれば、たいていはトラブルにならずに済み、仮にトラブルとなってもスムーズに解決可能です。

　以上、考えられる限りのリスクと対処法を把握し、あくまで冷静に臨みましょう。

●**合同会社の弱点**
　株式会社より明らかに弱いのは―

・上場することができない
・資金調達の方法が限られる
・社員間のトラブルが経営に影響しやすい
など

第3章　失敗しない設立計画の立て方

4 お金をめぐるリスク、トラブルについて

起業～会社設立にまつわる、お金をめぐるリスク、トラブルとは。

やっと会社を立ち上げたと思ったら、トラブルが山積み！
ランニングコストは、資金調達は、売掛金回収は…!?

◇ ランニングコスト

起業準備資金まではなんとか工面できても、開業後、事業を維持するため、常に追われるのがランニングコストです。

店を開けばテナント料や光熱費、無店舗のネットビジネスでもインターネットの通信費など、たとえ売上がゼロでも固定費がかかります。

さらに、従業員を雇用していれば給与や各種保険料、福利厚生費の支払いものしかかってきます。

開業後、資金が回収できるまでの期間を支えられるだけの資金を用意しておくことが肝要です。

事業計画で見込んだように収益が伸びないことも予想され、余裕資金がないと事業継続は困難になります。

◇ 資金調達

自己資金で起業し、次の段階として金融機関などに借入れの申し込みをしたものの、審査に通らなかったり審査期間が長引き、必要な資金調達ができないというリスクもあり得ます。

金融機関から融資を受けられたら受けられたで、元本や金利の返済に迫られます。

● 合同会社の資金調達手段

前項で合同会社の弱点として「資金調達の方法が限られる」を挙げたが、合同会社が利用できる資金調達方法はある。

・補助金
・助成金
・クラウドファンディング
・銀行融資
・日本政策金融公庫の融資
・地方自治体の制度融資

などで、本書の第6章、第9章で詳しく解説する。

● 開業後の合同会社

開業後のあらゆる事態に備えて融資を受ける手段や資金調達の方法をよく調べておく。

合同会社

さらに、起業後しばらくは赤字続きで、資金繰りが立ち行かなくなり撤退を余儀なくされるケースも考えられます。

起業前の準備資金がショートする、あるいは、起業しても途中で資金が底を尽き、資金調達することができなくなるケースもあります。融資を受ける手段や、資金調達の方法を事前によく調べておくことが大切です。

◇ 売掛金の回収

開業当初は、売上を伸ばすことに気を取られるあまり、取引先を増やしたい方に気持ちが先行するかもしれません。商品代金を後払いで回収する場合、売掛金の回収に難航するケースがあるため、取引先の選定には注意が必要です。

取引先によっては、資金回収の際に資金不足を理由に延滞や踏み倒されるケースも起こり得ます。

売掛金を確実に回収しなければ、手元の資金がなくなり、融資先から信用を失う恐れがあるため、取引契約を結ぶ際には一定の基準を持つことが大切です。

●売掛金の回収

売掛金（売掛債権）を現金化できるサービスとして**ファクタリング**がある。

第三者に売掛金（売掛債権）を譲渡するなどして、決算日前の売掛金（売掛債権）を迅速に現金化するもの。

かつては「手形割引」や「裏書譲渡」などによって、債権を現金化するのが一般的だったが、最近は手形の流通が減ったこともあり、ファクタリングで資金調達するのが主流になっている。

近年はファクタリングでの資金調達が主流！

マネートラブル3つの要因

ランニングコスト
資金調達
売掛金の回収

どうすれば…

マネートラブル

　そうしたリスクを避けるために、事前に支払い条件に関する契約書を交わすとともに、取引先が信用できるかどうかをチェックする信用調査が不可欠です。

　売掛金は借入による資金調達の担保にすることも可能。回収管理はしっかり行うようにすることを心がけてください。

合同会社と株式会社のメリットとデメリット

	設立手続き	定款認証	資本金	社員間トラブル
合同会社	○簡易	○なし	○少額	×経営に影響大
株式会社	×煩雑	×あり	×	○

☞ 社員への対応が重いものの、合同会社の方が負荷が軽い。

COLUMN 法人口座開設NG集……これをやったら審査落ち

　せっかく合同会社設立まで無事こぎつけても、法人口座が開設できなければ、満足にビジネスが展開できません。法人口座開設は非常に審査が厳しいことで知られています。ただでさえハードルが高いのですから、以下に掲げるようなことを、くれぐれも"やらかし"ませんように！

　まず、「審査に必要な書類の不備」などは論外として、以下のことが考えられます。事務所がバーチャルオフィスなどについては、本編でも触れた（本文57ページ参照）ので、その他の要因を上げると、

・事業内容がわかりにくい

・1円起業、あるいは資本金が極端に少ないのではないか

　➡資本金の額で審査に落ちるというケースも実際に多々あります。資本金が極端に少ないと、実体のない会社と見なされて、審査に落ちてしまいます。事業内容に見合った資本金を用意して申し込みましょう。

・連絡先が固定電話ではないか

　➡連絡手段が携帯電話だけで、固定電話がない会社も、実体のない会社と見なされて、審査に落ちてしまいます。ほとんど携帯電話だけでビジネスには事足りるとしても、会社として万全な体裁を整える必要があります。

・ホームページはあるのか

　➡ホームページがないのも、上記同様に、実体のない会社と見なされて、審査に落ちてしまいます。しっかりしたホームページも準備して臨んだ方がいいでしょう。

・記載に住所の不一致はないか

　➡申請書と登記書類の住所が一致しないと、「怪しい会社」とみなされて、審査に落ちる要因になります。同様に、会社の本社所在地が都心ではないのに、ただ「聞こえがいいから」と、都心の金融機関の支店で安易に口座を開こうとすると、エリア外の申請とされて断られます。

その他にも、「商号が倒産した会社と類似している」「反社会勢力とのつながりが疑われる」等々の場合も審査に落ちるので、ネガティブな要素は事前に極力排除してください。

審査するのはあくまで金融機関なので、金融機関側にどう判断されるかがすべてです。独りよがりな思い込みなどは捨てて、謙虚な気持ちで、金融機関に相対する姿勢が求められます。

法人口座開設に導く2つのポイント

①ネガティブな要素は事前に極力排除!?
②思い込みを捨てて謙虚に応対

第 (4) 章

定款をつくろう

自力でも他力でも、どっちもありの定款作成

・会社の方向性を定める大事なもの。
・会社の将来を見越して基本事項を決めていこう。
・定款作成にあたって、外部の知恵も借りよう。

方向性を決める定款

定款とは「会社の憲法」、合同会社も必須。

事業目的の書き方のポイントは3つ～キーワードは「フレキシブル、中核、許認可」

◇ 事業の方向性を示す事業目的の書き方

　第3章でも触れましたが、**定款**とは会社の方向性、運営するうえでのルールをまとめた、「会社の憲法」ともいうべきもので、合同会社も会社を設立するときには必ず定款を作成しなければなりません。定款の作成は合同会社設立手続きの中でも肝の部分になります。

　定款に記載する内容は、第3章（「会社の基本事項」）と内容が重複するので、そちらを参照していただくとして、ここでは、事業の方向性を示す事業目的の書き方や変更の仕方など、第3章で言及しなかった事柄について説明します。

　定款の作成においては、事業の方向性を示す事業目的を正しく記載する必要があります。そこで、事業の方向性を示す事業目的の書き方と変更の仕方について説明します。

　まず、定款に記載する内容は、会社法によってある程度項目が規定されており、「絶対的記載事項」、「相対的記載事項」、「任意的記載事項」の3つに大別されます。

●定款作成～株式会社との違い
　合同会社の定款は公証役場の認証手続きが不要で、認証手続きの費用もかからないうえ、株式会社のような株主構成や株式譲渡制限などの記載事項がないぶん、定款作成が株式会社よりも比較的簡単。

●定款記載事項
　定款作成のうえで、いまは具体性は問われず、会社自らが判断し、仮に具体性の欠ける目的が定款に記載され公示されることで不利益が生じたとしても、会社が責任を負うものとされる。
　自由な記載が認められているとはいえ、明瞭性はなお求められ、一般には国語辞典や現代用語辞典などに記載されている程度にその用語が浸透していれば問題ないとされる。

①絶対的記載事項

　定款に必ず記載しなければならないものであり、**絶対的記載事項**が記載されていない定款はそれ自体が無効になります。絶対的記載事項としては、「事業の目的」「商号」「本店所在地」「社員に関する事項」などがあり、それぞれ詳細については、第3章を参照してください。

●事業目的の適格性

　適格性の1つ「明確性」とは、目的に用いられている語句の意味が明らかであり、目的全体の意味が明らかであることをいう。

　特定の業界だけに通用する用語は、明確性を欠くものとして使用不可。

　「広辞苑」などの国語辞典や「知恵蔵」「イミダス」「現代用語の基礎知識」といった現代用語事典に記載があると、明確性があるとされる。

第4章　定款をつくろう

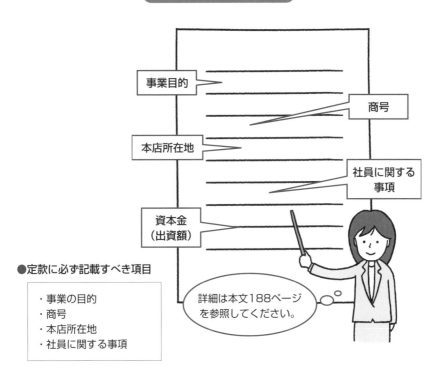

定款の絶対的記載事項

事業目的

商号

本店所在地

社員に関する事項

資本金（出資額）

詳細は本文188ページを参照してください。

●定款に必ず記載すべき項目

・事業の目的
・商号
・本店所在地
・社員に関する事項

②相対的記載事項

　定款に記載しなくてもいいが、記載がなければその効力を生じない事項をいいます。

　相対的記載事項は、以下の事柄になります。

・持分の譲渡の要件
・業務を執行する社員（業務執行社員）の指名または選任方法
・社員または業務執行社員が2人以上ある場合における業務の決定方法
・合同会社を代表する社員（代表社員）の指名または互選
・存続期間または解散の事由 など

　相対的記載事項がなかったとしても、定款の効力自体は失われることはありませんが、株式会社であれば、株券の発行や譲渡のルール、取締役会の扱いなどについて定めることになるため、内容を詰めておくことが大切です。

③任意的記載事項

　定款に記載してもしなくてもいいものです。記載事項のうち、絶対的記載事項および相対的記載事項以外の事項で、会社法の規定に違反しないものをいいます。**任意的記載事項**は、以下の事柄になります。

・業務執行社員の員数
・業務執行社員の報酬
・事業年度 など

　相対的記載事項とは異なり、任意的記載事項は定款の中に記載をしていなかったとしても、他の文書に記載することでその効力が発揮されるものになります。

定款は3つに大別される

絶対的記載事項
相対的記載事項
任意的記載事項

●**事業目的は登記事項**

　事業目的は登記事項で、登記事項証明書（登記簿謄本）に記載される。

　登記事項証明書（登記簿謄本）は、誰でも閲覧可能なので、何をしている会社なのか誰でも知ることができる。

　事業目的は「何をする会社なのか」を広く世間に公開する意味合いもある。

●**適法性・営利性にも留意**

　事業目的の内容が法令や公序良俗に反していないことも必要。

　また、会社は利益を得ること、すなわち営利を目的として、設立されるもので、非営利の活動のみを目的にすることは避けるべき。

◇ 定款に記載する事業目的とは

事業目的は、設立した会社でどんな事業を行うのかを記載した絶対的記載事項の1つです。これを見れば適法性、営利性、明確性を確認でき、どのような目的で設立された会社か一目でわかるため、それが伝わるような書き方をしなくてはなりません。押さえるべきポイントがあるので、それに応じた書き方をする必要があります。

定款の事業目的の書き方のポイントは次の3つです。

①フレキシブルな書き方
②中核の事業から書く
③許認可にも要注意

以上を理解したうえで定款の事業目的を記載してください。

まず大前提として、「平易な書き方」を心がけましょう。定款は、登記簿に記載され誰でも閲覧可能で、金融機関が融資の審査でチェックするために利用することも少なくありません。わかりにくい内容だと、融資の審査に落ちたり、ファイナンスのチャンスをみすみす逃しかねません。

そのうえで……

①フレキシブルな書き方

将来行うかもしれない事業も忘れず記載しておきます。

定款の目的の数に制限はないので、実際行う事業やすぐ始める予定の事業だけでなく、先々の事業拡大を見込んで多めに記載した方がいいでしょう。

なお、目的の最後に「附帯関連する一切の事業」と記載することで、さらに目的の範囲が拡がります。

事業範囲が拡がる！

定款

＋

附帯関連する
一切の事業

②中核の事業から書く

　企業イメージをわかりやすく伝えるために、最初の目的は中核の事業から書いてください。会社が取り組むビジネスが一目で伝わり、齟齬が生じにくくなります。

③許認可にも要注意

　事業展開に許認可を要する業種（下記を参照）は、事前によく確認してから記載する必要があります。許認可がなければ始まらない事業で、許認可を取得する際、定款にその当該事業が記載されていなければ、許認可がおりず、定款自体を変更せざるをえない場合もあるので、関係の官庁に打診しましょう。

● 許認可を必要とする業種

・一般建築工事業

・不動産の売買、交換、賃借およびその仲介ならびに所有、管理、利用

・産業廃棄物収集、運搬、処理業

・旅行業代理店業

・一般および特定労働者派遣事業

・有料職業紹介事業

・古物の売買業

・風俗営業法で定めるマッサージ業

・理容業、美容業	・飲食店業
・金融業	・投資顧問業
・酒類製造業	・薬局
・質屋	

　都道府県知事の許可、国家資格などが必要な場合もあります。

●許認可が必要な事業を
　設立する場合の例①
　中古品やリサイクル商品などの販売事業を行う場合、営業所の所在地を管轄している警察署から「古物商」の許可を受ける必要がある。

許認可業種担当行政庁一覧

都道府県庁	建設業、宅建業、産業廃棄物関連、旅行業代理店業
労働局	派遣業、有料職業紹介業
警察署	古物商、風営業
保健所	理美容業、飲食店業
財務局	金融業、投資顧問業

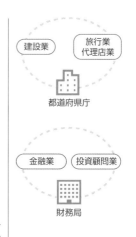

都道府県庁

財務局

◇ 事業目的の具体例

ここでは、以下のカテゴリーについて、事業目的の具体例を挙げます。

・飲食店業
・IT／インターネット関連
・建設業
・不動産業

●飲食店業の事業目的の記載例

・飲食店業
・食料品の販売
・飲食店および喫茶店の経営
・コンビニエンスストアの経営
・健康補助食品および健康飲料の販売
・仕出し弁当の製造
・居酒屋の経営

飲食店業は、上記のように飲食店に関わる内容をそのまま記載すれば問題ありません。

より事業内容を明確にしたければ、「居酒屋の経営」などと具体的な業態を記載すれば大丈夫です。

●許認可が必要な事業を設立する場合の例②
　食堂、レストラン、喫茶店、カフェ、居酒屋など、いわゆる食事がメインの「飲食店」を営む場合、店を管轄している保健所から「飲食店営業許可」を受ける必要がある。

保健所

第4章 定款をつくろう

●IT／インターネット関連業の事業目的の記載例

・ITエンジニアの派遣、紹介および育成

・IT事業の開発、構築およびコンサルティング業務

・コンピュータのソフトウェアおよびハードウェアの企画、研究、開発、設計、製造、販売、保守、リース

・通信販売業務

・インターネットによる広告業務および番組配信

・EC（電子商取引）サイト

・その他各種ウェブサイトの企画、制作、販売、配信、運営および管理

　以上のように、IT／インターネット関連業では記載されている内容が多岐にわたるのが特長です。

　「コンサルティング」を含めることで、業務の幅がより拡がります。

●建設業の事業目的の記載例

・建設業

・建設工事の請負

・塗装工事業

・左官工事業

・水道施設工事業

・電気通信工事業

　以上のように、建設業では、電気、水道などライフラインに関わる事業が目立ち、一般の人からみてもわかりやすい記載になっています。

●許認可が必要な事業を設立する場合の例③

　建設業を営む会社の場合、建設業法に定められている許可業種29種類の中から業種名を記載する。

　リフォーム業なら「内装仕上工事業」と記載。

●事業目的の記載例

●不動産業の事業目的の記載例

・不動産の売買・賃貸・仲介・管理

・不動産の鑑定業務

・宅地建物取引業

・不動産に関するコンサルティング業務

・ビルメンテナンス業

　上記のように、不動産業では事業目的が明確に記載されています。不動産の扱いに関しては、「宅地建物取引業」等の免許申請に必要となるため、より具体的な目的の記載が求められます。こちらも、「コンサルティング」を含めることで、業務の幅がより拡がります。

定款と業種

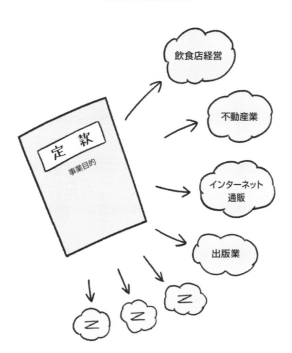

将来を見越して基本事項を決める

将来「やるかも」「やりたい」事業は記載。ばらばらでもいいんです！

 事業目的 〈数は無制限〉〈バラバラでも OK！〉

◇ 事業目的の変更方法

　将来を見越して、行うかもしれない事業を「フレキシブルに」記載しておくこと。会社設立当初は別の事業でも、「将来は必ず出版業もやりたい」と思うなら、出版業という事業目的を記載しておくといいでしょう。

　後で述べるように、記載済みの事業目的に追加したり変更できますが、その場合、法務局で手続きのうえ３万円の費用が必要です。したがって、設立時点に記載した方がいいでしょう。

　目的の数に制限はないうえ、ばらばらな事業目的が記載されていても構いません。例えば、「飲食店の経営、不動産業、インターネット通販」などと、一貫性を欠いた書き方でもOKです。

　また、会社は定款に記載された事業目的に沿い、事業を展開しなければなりません。記載されていない事業を始める場合は、事業目的の変更や追加を登記申請する必要があります。

●合同会社の事業目的変更

　定款に盛り込む事業目的が多すぎても、会社の実態がつかめないといったリスクがある。

　会社の規模や事業年数に応じて、目的変更するのは、手間とコストがかかるものの、信頼性確保の面では無難な選択といえる。

定款への記載がないと、登録申請が大変！

合同会社

合同会社が定款変更する場合は原則として、全社員で決議後、全社員の同意を得ることで定款の変更が認められます。「総社員の同意」もしくは原始定款（古い定款）で定めた条件を満たし、定款の変更が認められれば、次に決議した内容を記録として残す「同意書」を作成して、原始定款と一緒に保管して定款変更は完了となります。

● **準備するもの**

・会社の代表印

・役員全員の認印（代表社員を除く）

・変更する目的の内容

・最新の履歴事項全部証明書（登記簿謄本）

● **作成が必要な書類**

・変更登記申請書

・総社員の同意書

・業務執行社員の過半数の一致があったことを証する書面

・登記すべき事項を記録した書面や**CD-R**＊など

・委任状（代理人が申請する場合）

◇ 原始定款と現行定款について

定款には**原始定款**および**現行定款**（新しい定款）の2種類があり、原始定款は会社設立時に作成した最初の定款、現行定款は現在効力のある定款をそれぞれ指します。

定款は、内容が変更されるとその都度、原始定款に「現行定款＋同意書」が付加されます。

現行定款ができたからといって、原始定款が不要になることはないので、破棄したりしないようくれぐれも注意してください。

●**総社員の同意書**

総社員の同意書に決まったフォーマットはない。

法務局のホームページに書式例があるので、参照するといい。

https://houmukyoku.moj.go.jp/homu/content/001367825.pdf#page=5

第4章 定款をつくろう

＊ CD-R
CD-Rの提出は必須ではない。

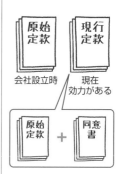

外部の知恵を借りよう定款作成

定款作成～外部依頼が〈確か〉、〈自力〉もアリ！

 定款作成を依頼できるのは〈司法書士〉〈行政書士〉、
登記申請までワンストップは〈司法書士〉のみ

◇ 司法書士と行政書士の違い

　定款作成は外部に依頼した方が確かで、かつリーズナブル、という側面もあります。定款認証を代理できるのは、司法書士と行政書士です。

• 司法書士

　登記の手続きを主な業務とする国家資格。

　会社設立では、法務局に提出する登記申請書などの作成、提出の代行を行います。

• 行政書士

　官公署に提出する書類の作成や、提出手続きの代行を主な業務とする国家資格。会社設立では、定款の作成、公証役場での公証役場での認証手続きを代行します。

　両者の大きな違いは、定款認証後の登記まで行えるかどうかです。定款の認証から会社設立の登記手続きまでワンストップで請け負えるのは司法書士に限られ、行政書士は定款認証までしかできません。

●合同会社の電子定款の費用

　従来、定款の認証は紙ベースだけだったが、インターネットの普及に伴い、オンラインでも定款の認証を受けられるようになった。

　電子定款の認証の場合、収入印紙代４万円が不要になった。

許認可が必要
ならスムーズ

行政書士　　司法書士

ワンストップ
で請け負える

　また、事業内容によっては行政書士に依頼すべき場合もあります。許認可が必要な事業は、行政書士に頼んだ方が、スムーズに進みます。

　許認可を必要とする事業は結構あるのに、やろうとする事業に許認可が必要なこともよく知らず起業する、無謀な経営者もよく見かけます。

　許認可を申請せずに会社の登記を行ってしまうと、会社は存在しているのに行いたい事業を開始できず、再度申請しても、許可が下りるまで無駄に時間を費してしまいます。

　そうならないよう許認可が必要かどうかを、事前によく調べる必要がありますが、許認可の種類は多く、細かい所まで把握するのはなかなか難しいものがあります。

　このような場合は、国や地方の行政機関を相手に業務をしている行政書士の方が、よりスムーズにサポートできます。会社設立業務という個別分野に限らず、全体的にみても両者の立ち位置は大きく異なります。

　「権利義務関係の書類や、行政機関に提出する書類を作成する」行政書士に対し、「訴訟や登記手続きなど、法的な書類を作成する」司法書士（もしくは弁護士）という住み分けが明確にあります。

　作成した書類の提出先も、行政書士が「市役所、都道府県およびその他の行政機関（公証役場を含む）」、司法書士が「裁判所や法務局」と、分かれており、こちらからも両者の違いがわかります。

　この他、**税理士**が税金の専門家として、会社設立のサポートをすることもありますが、主な業務は税務関係であり、会社設立の手続きの代行業務はできないため、税理士が会社設立の代行をする際には、司法書士と協力をしてサポートすることになります。

●究極のワンストップ

　行政書士と司法書士は、仕事のフィールドが異なり、住み分けが明確なことから、バッティングするより、相互補完関係が成立する場面も多い。

　実際、両職を兼務するダブルライセンスも結構見かける。

　兼務者に頼めば、許認可の申請も登記申請も、ひとりで片付く"究極のワンストップ"が実現する。

税理士と司法書士が協力することも

税理士 ＋ 司法書士

第4章　定款をつくろう

定款作成は多いに専門家の知恵を借りよう

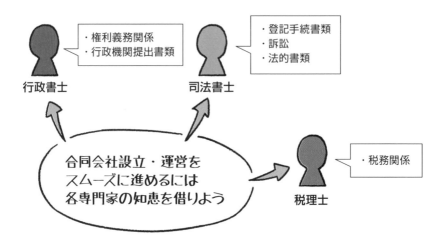

行政書士
・権利義務関係
・行政機関提出書類

司法書士
・登記手続書類
・訴訟
・法的書類

合同会社設立・運営を
スムーズに進めるには
各専門家の知恵を借りよう

税理士
・税務関係

社員1名で合同会社を設立する場合の定款記載例

〇〇合同会社　定款

第1章　総則

第1条（商号）　当会社は、〇〇〇〇合同会社と称する。

第2条（目的）

当会社の目的は、以下の事業を営むことを目的とする。

1. 〇〇の企画、開発

2. 〇〇の製造、販売

3. 前各号に附帯関連する一切の事業

第3条（本店の所在地）

当会社は、本店を〇〇県〇〇市△△一丁目1番1号に置く。

第4条（公告の方法）

当会社の公告は、官報に掲載する方法により行う。

商号および本店において同一の会社が既に存在する場合には設立登記することができないので、本店を管轄する登記所で確認する。法務局ホームページ「商業・法人登記の申請書様式」の中の関連リンク「同一商号・同一本店の調査を行う方法について」で調査ができる。

上記の項目が1つの場合は、「前各号」は「前号」と表記する。

住所の「丁目」は固有名詞なので、算用数字ではなく漢数字で表記すること。
（誤）1丁目➡（正）一丁目

第2章　社員および出資

第5条（社員の氏名、住所および出資）

社員の氏名、住所および出資の価額並びに責任は次のとおりである。

○○県○○市△△二丁目1番1号

有限責任社員　中央太郎　金○○万円

第6条（社員の責任）

当会社の社員は、すべて有限責任社員とする。

第7条（相続による持分の承継）

当会社の社員が死亡した場合には、当該社員の相続人は、当該社員の持分を承継して社員となることができる。

ただし、定款で別段の定めをすることができる。

> この定めがないと、1人しかいない社員が死亡した場合、相続人は社員の持分を承継することができず、合同会社は解散することになる。

第3章　業務の執行および会社の代表

第8条（業務の執行）

1. 当会社の業務は、業務を執行する社員が決定する。

2. 当会社の業務を執行する社員は、中央太郎とする。

第9条（代表社員）

当会社を代表する社員は、中央太郎とする。

> 事業年度は限度として1年を超えることができない。また、決算日が12月31日で日付を表記する場合は年をまたがないので「翌年」は記載しない。

第5章　計算

第10条（事業年度）

当会社の事業年度は、毎年○月1日から（翌年）○月末日までとする。

第7章　附則

第11条（最初の事業年度）

当会社の最初の事業年度は、設立の日から令和○年○月○日までとする。

第12条（補則）

この定款に規定のない事項は、すべて会社法その他の法令に従うものとする。

以上、○○合同会社設立のためこの定款を作成し、社員が次に記名押印する。

令和○年○○月○○日

有限責任社員　中央太郎（実印）

行政書士と司法書士のメリットとデメリット

	定款作成	登記申請	許認可手続き
行政書士	○依頼可	×依頼不可	○対応可
司法書士	○依頼可	○依頼可	×

☞ ほぼ互角。ワンストップで済ませたければ司法書士、許認可手続きが伴うなら行政書士。

COLUMN 「自力」か「他力」か。はたまた、どっちもアリ!?

　定款作成は、マニュアル本やネット上の「ひな型」などを参考にして、「何を書くべきか」を決定すれば、自力でも作成可能です。そのうえで、公証役場の公証人などに相談すれば、何とか完成できます。

　自力で作成した定款の原案を持参して公証役場を訪ねると、この道のプロが「ここの記載に不足がある」とか、「ここはこういうふうに書き変えなさい」と指導、アドバイスしてくれます。

　ただし、人によって左右されるので、事前に確かめてから行きましょう。

　とりわけ最近では、合同会社の場合、定款の認証が不要なので、司法書士などに頼まず、本やネットのひな型を参考にして自分で作成した定款を法務局に持ち込み、そのまま登記申請の手続きまで、「本人申請」で済ませる向きも目につきます。

　最寄りの法務局に出向けば、作成指導（登記相談）に応じてもらえるので、「直接書類を持参し、相談していいか」など、事前に電話するなどしてアポイントを取って行くといいでしょう。何度も足を運ぶ労さえいとわなければ、登記申請まで確実に漕ぎつけます。

　さて、起業後、定款に書かれた事業目的以外の事業を行っても罰則はありませんが、ビジネスに支障となる可能性はあります。会社は事業目的に記載されていない事業を営めないことになっているものの、会社法などに罰則規定はあ

りません。

　事業目的以外の取引を行った場合に、目的外の行為であることを理由に取引を無効にすることが認められると、取引相手に不利益を及ぼしかねません。

　最近のトレンドとして、自力で定款を作成して、会社の登記申請まで「本人申請」で自力で済ますのも大いにアリです。ビジネスのスキルアップにもつながるので、時間的余裕と意欲さえあれば、チャレンジしてみても決してマイナスではありません。

　ただし、事業目的に違反しないよう、定款を作成する際には十分気をつけるに越したことはありません。

　完成度の高い定款を目指し、登記申請までの時間と労力を極力省きたい向きは、時間をカネで買う観点から、司法書士・行政書士など専門家に頼むのもアリです。

　「自力」と「他力」のどちらが正解かは、にわかには判断しがたいものがあります。究極「どっちもアリ」なので、どちらを選ぶかは、起業する当事者の、覚悟とハラ次第といえます。

選べない " 二択 "

自力
本願

他力
本願

memo

第 ⑤ 章

登記手続き

法務局との攻防戦はこう切り抜ける

・定款ができたら、次は登記手続き。
・登記手続きが済んだら、資本金を払い込もう。
・設立登記申請のポイント、申請書作成のポイントとは。

1 登記手続き

登記って（手続き）

設立登記とは、法務局に会社の基本事項を申請すること。

設立登記により会社が社会的に認められる重要な節目
……会社の出生手続きに相当

◇ 設立登記とは

　会社の**設立登記**とは、設立する会社の本店所在地を管轄する法務局に、会社の名称や目的などの事項を登記申請することです。　設立登記により会社が社会的に認められることになります。

　本店所在地を管轄する法務局は下記リンクを参照してください。

> https：//www.moj.go.jp/MINJI/minji10.html

　設立登記の申請には、最低でも以下の6点が必要です。

・合同会社設立登記申請書 (本文105ページ参照)
・登録免許税の収入印紙貼付台紙 (本文101ページ参照)
・定款 (巻末資料186、188ページ参照)
・代表社員の印鑑証明書 (本文97ページ参照)
・払い込みを証する書面 (本文102ページ参照)
・印鑑届書 (巻末資料190ページ参照)

　必要書類は定款の記載内容などによって変わります。
　詳しくは、法務局の登記相談窓口や司法書士に相談してください。

●申請書類のまとめ方
　合同会社設立登記申請書➡登録免許税貼付台紙➡定款・謄本➡出資金払込証明書➡代表者印の印鑑証明書➡その他の添付書類の順番で、左側をホチキス止めする。
　ただし、管轄する法務局によって、異なる場合もあるので、要注意。

書類一式の写しを取って法務局に出向きましょう。法務局に申請書類を提出する前に、補正や修正するときに確認しながら対応できます。

設立登記には登録免許税が必要です。登録免許税は資本金の1000分の7の額で、6万円未満の場合は6万円です。

登記を申請した日が原則として会社の設立日になります。登記完了までの期間は、3〜14営業日くらいですが、法務局によりばらつきがあるので、事前に確認しましょう。

◇ 定款で定めていない項目を決定する書面（決定書）

定款で、代表社員、具体的な本店所在地、資本金額を定めていない場合には、業務執行社員の過半数の一致により、「代表社員決定書」「本店所在地決定書」「資本金決定書」、あるいはこれらをまとめた「代表社員、本店所在地及び資本金決定書」を作成する必要があります。

●決定書不要のケース
・定款に本店所在地の住所が詳細に記載されている。
・定款に資本の総額が記載されている。
・定款に代表社員の氏名が明記されているという場合には、そもそも社員（出資者）を集めて話し合う必要がなく、「代表社員、本店所在地及び資本金決定書」を作成する必要もない。

第5章 登記手続き

本店所在地及び資本金決定書〈業務執行社員が1人の場合〉

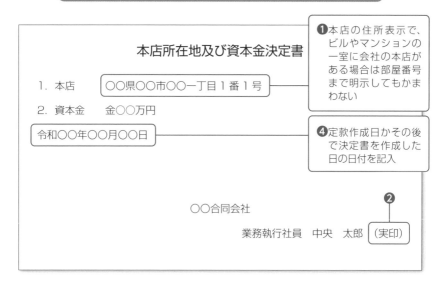

❶本店の住所表示で、ビルやマンションの一室に会社の本店がある場合は部屋番号まで明示してもかまわない

❹定款作成日かその後で決定書を作成した日の日付を記入

本店所在地及び資本金決定書

1. 本店　〇〇県〇〇市〇〇一丁目1番1号

2. 資本金　金〇〇万円

令和〇〇年〇〇月〇〇日

〇〇合同会社

業務執行社員　中央　太郎　❷（実印）

代表社員、本店所在地及び資本金決定書〈業務執行社員が２人の場合〉

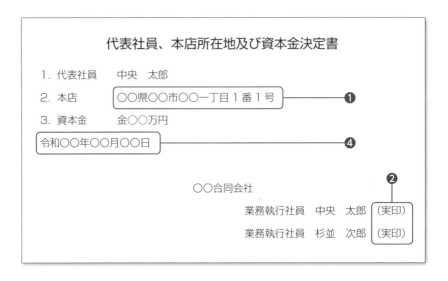

代表社員、本店所在地及び資本金決定書〈法人が代表社員の場合〉

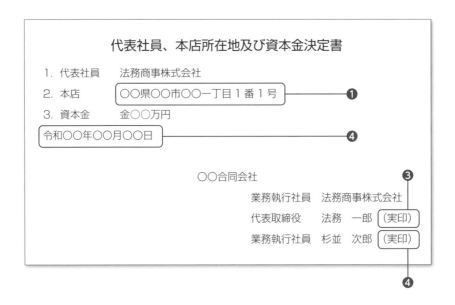

┌─────────────── **注　意** ───────────────┐

❶本店の所在地は、町名、番地まで記載*します。

❷業務執行社員である個人の実印を押印します。

❸代表社員である法人の実印（丸印）を押印します。

❹日付は、定款作成日と同日か、それ以降で決定書を作

　成した日付を記入します。

└──────────────────────────────┘

◇ 登記完了後に必要となるもの

　登記完了後、銀行法人口座の開設などに必要になるのが、以下のものです。これらを取得するため、また法務局に出向きます。

・履歴事項全部証明書（本文153ページ参照）

・印鑑カード

・印鑑証明書

```
┌────────────────────────────────┐
│          印　鑑　証　明　書                     │
│                                                │
│      会社法人等番      0000-0-00-000           │
│                                                │
│            ┌──────────┐                        │
│            │          │                        │
│            │  ( 印 )  │   │
│            │          │                        │
│            └──────────┘                        │
│                                                │
│  商　　　号　○○合同会社                        │
│  本　　　店　○○県○○市○○一丁目1番1号         │
│  代表社員　中　央　太　郎                        │
│            昭和○○年○○月○○日生               │
│                                                │
│  これは提出されている印鑑の写しに相違ないこと    │
│  を証明する。                                   │
│            令和○年○月○日                      │
│  ○○地方法務局○○支局                          │
│            登記官　○○　○○                    │
│                                                │
│  整理番号　　0000000                           │
└────────────────────────────────┘
```

＊…まで記載
「東京都中央区銀座1-1-1」のような省略はしてはいけない。「一丁目1番1号」と正式に記載する。

●履歴事項全部証明書
　履歴事項全部証明書は、会社設立後、様々な場面で必要になるので、必要なタイミングをつかんでおきたい。
　履歴事項全部証明書とよく混同される登記事項証明書（登記簿謄本）は、法務局へ登記されている事項を記載した書類の総称で、履歴事項全部証明書はその中の一部。

資本金の払込み

合同会社の資本金の払込みとは～ネットバンキングでも OK!?

 合同会社の場合、社員の銀行口座に振り込むのが一般的

◇ 合同会社の資本金の払込手続き

　合同会社を設立し、登記簿謄本等を取得すれば、法人名義の銀行口座を開設できます。口座は、会社の本店所在地に近い銀行で開設するのが一般的です。

　会社設立時の**資本金払込み**は設立事項で定めた資本金の金額を、開設した法人名義の銀行口座に払い込む手続きです。しかし、合同会社の資本金の払込手続きは、実際には設立登記前の段階になるので、法人名義の口座はまだ開設できず、振込先は便宜的に社員の銀行口座となります。

　資本金は、事業を行ううえで元手となる資金のことで、「資本金払込み」は不可欠の手続きです。

　社員2人が、各々現金100万円、200万円を出資した場合、合計金額の300万円を資本金とすることができます。合同会社を設立する際には、資本金の払込みが必要であり、この場合、300万円の払い込みがあったことを証する書類が必要になります。

　社員が1名であれば、その社員の銀行口座へ出資する金額（資本金）を払い込みます。

　社員が複数名であれば、代表社員となる人の銀行口座へ各社員が出資する金額（資本金）をそれぞれ払い込みます。

　資本金払込みは、次の5つのステップで行います。

●資本金とは
　資本金とは、ビジネスを始める際に必要となる元手を意味し、経営者自身が準備する手元資金の他、株主や投資家からの出資も含まれる。

　資本金は企業規模や資金力を示すバロメーターでもあり、貸借対照表では純資産の部に組み入れる。

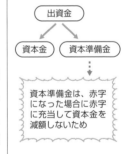

STEP 1　発起人名義の口座・通帳を準備する

まず発起人の名義で銀行口座と通帳を用意します。資本金払込みをする時点ではまだ会社は設立されていないので、会社の銀行口座もまだありません。そのため準備するのは発起人個人の銀行口座となります。発起人が複数人いる場合は発起人総代の銀行口座となります。

新たに銀行口座を開設する必要はなく、発起人が現在使用している銀行口座で問題ありません。また、金融機関は国内の銀行であれば、ほぼすべてで払込みが可能で、銀行口座の種別は普通預金口座でかまいません。

STEP 2　資本金を振り込む

発起人はもちろん他の社員も発起人の口座へ振り込みます。

銀行口座へは「振込み」にすると、通帳に振込名義人が印字されるので、誰がいくら払込みをしたのかひと目でわかります。

STEP 3　払込み内容の明細コピーを作成する

全員の払込作業が完了したら、以下のページをそれぞれコピーします。

・通帳の表紙
・氏名・口座番号の記載と銀行印が押印されているページ
・払込みの内容が記載されたページ

通帳がないインターネットバンキングを使用して資本金の払込手続きを行った場合は、Web画面の以下の項目が確認できる画面をプリントアウトします。複数の画面でも結構です。

●資本準備金とは

会社を設立時の出資金は、資本金以外にも資本準備金として計上することができる。

会社法では、資本金は会社の設立時や株式の発行時に払込まれた資金の額とされている。

また、払込みにかかる額のうち2分の1を超えない額を資本金に計上しないことができ、その計上しない部分が資本準備金になる。

●資本金の払込みの
　5つのステップ

STEP 1
発起人名義の口座・通帳を準備する

↓

STEP 2
資本金を振り込む

↓

STEP 3
払込みの明細コピーを作成する

↓

STEP 4
払込証明書を作成する

↓

STEP 5
通帳コピーと払込証明書を製本する

第5章　登記手続き

・銀行名

・支店名

・口座番号

・口座名義人の氏名

・資本金の払込みを行った明細

STEP 4 払込証明書を作成する

　資本金が振り込まれたことを証明するもの。

　払込証明書に必要な項目は次の4つです。

・払い込まれた金額の総額

・日付

・会社名（商号）

・代表社員氏名

　「日付」に入るのは資本金が振り込まれた最も遅い日以降の日付です。「会社名（商号）」は設立事項決定時に決めたものを記載します。

　これに加え、会社代表印が必要となります。場所は代表社員氏名の右側です。

STEP 5 通帳コピーと払込証明書を製本する

　最後のステップは、**ステップ3**で作成済の資本金の払込み内容の明細コピーと、**ステップ4**で作成した払込証明書の製本です。インターネットバンキングの場合はプリントアウトした紙を使用します。

　登記申請書類を製本する場合、綴じ方の順番は以下のとおりです。

❶登記申請書

❷登録免許税納付用台紙

❸各種添付書類

●捨印

　通常、押印が必要な契約書には欄外余白への捨印（すていん）がある。捨印は、契約書の軽微な誤りの訂正を相手方に委ねるために押すものだが、役所では基本的に申請者自身に訂正させるのが原則なので、捨印を必ずしも必要としていない。本書でも多くの書類を作成するが、紙面の関係で捨印は省略している。書類によって必要とする場合はどの位置に押すのか担当者に相談する。

●登記申請書に添付する書類

・別紙
・登録免許税納付用台紙（収入印紙貼付台紙）
・定款
・決定書
・就任承諾書
・払込みを証する書面
・印鑑届書
・印鑑証明書

◇ 資本金払込みの注意点

　発起人の口座にすでに取り決めた資本金額があらかじめ入っていても、それをそのまま資本金に充当することはできませんので、注意してください。払い込んだ証明がないと、資本金として使うことができません。この場合は、いったん引き出して改めて口座に振り込めば大丈夫です。

　また、資本金は払込み直後から使用できます。そのため、備品の購入や運転資金にすぐ活用してもOKです。

　したがって、資本金の額は、設立に要する資金と3〜6か月分の運転資金をシミュレーションして決定しましょう。

●契印

　払込証明書を表紙にして、通帳のコピー3枚をホチキスで綴じ、全ページの境目を真ん中にして、両方のページに代表印がまたがるように押印する。

第5章　登記手続き

登記申請書の綴じ方

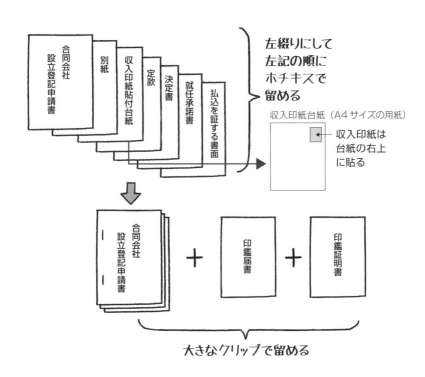

合同会社設立登記申請書

別紙

収入印紙貼付台紙

定款

決定書

就任承諾書

払込を証する書面

左綴りにして
左記の順に
ホチキスで
留める

収入印紙台紙（A4サイズの用紙）

収入印紙は
台紙の右上
に貼る

合同会社設立登記申請書　＋　印鑑届書　＋　印鑑証明書

大きなクリップで留める

各種申請書作成（ポイント解説）

資本金が振り込まれたことを証明。

 払込証明書は自身で作成し、通帳のコピーと一緒に製本

◇ 払込証明書

出資金の払込証明書は自身で作成する必要があるので、以下を参考に作成してください。

● 払込証明書のサイズ
払込証明書は、A4サイズの用紙に印刷する。通帳コピーも同サイズ。

払込みのあったことを証する書面

当会社の資本金については以下のとおり、金額の払込みがあったことを証明します。

払込みを受けた金額　　金○○万円

令和○○年○○月○○日

❶資本金を払い込んだ日付を記入

（本店）○○県○○市○○一丁目1番1号

（商号）○○合同会社

代表社員　中央　太郎　（実印）

代表者が登記所に提出した会社代表者印

- - - - - - - 注　意 - - - - - - -
❶日付は、資本金を払い込んだ日を記入します。
❷払込証明書が作成できたら、次に通帳のコピー「表紙」「表紙裏」「振込ページ」の3ページを用意します。
❸払込証明書と通帳のコピーを重ねて製本します。

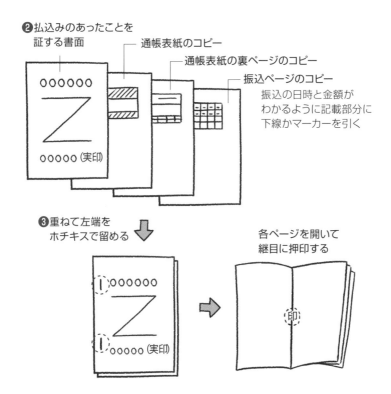

払込証明書の製本

❷払込みのあったことを
　証する書面

通帳表紙のコピー

通帳表紙の裏ページのコピー

振込ページのコピー
振込の日時と金額が
わかるように記載部分に
下線かマーカーを引く

○○○○○○

Z

○○○○○（実印）

❸重ねて左端を
　ホチキスで留める

各ページを開いて
継目に押印する

○○○○○○

Z

○○○○○（実印）

印

第5章　登記手続き

◇ 就任承諾書

　合同会社の代表社員になった者が、「代表社員に就任することを承諾します」ということを記載した書類です。形式上、設立する合同会社から代表社員になる者へ宛てたものです（次ページ参照）。

●就任承諾書が必要な場面
　就任承諾書は、会社の役員就任に関わる文書で、会社設立時のほか、役員変更時や法務局に登記する際に必要となる。

就任承諾書の書式例

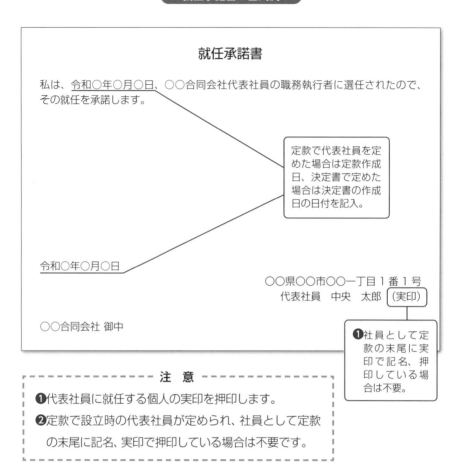

就任承諾書

私は、令和○年○月○日、○○合同会社代表社員の職務執行者に選任されたので、その就任を承諾します。

> 定款で代表社員を定めた場合は定款作成日、決定書で定めた場合は決定書の作成日の日付を記入。

令和○年○月○日

〇〇県〇〇市〇〇一丁目1番1号
代表社員　中央　太郎　[実印]

〇〇合同会社 御中

> ❶社員として定款の末尾に実印で記名、押印している場合は不要。

注　意

❶代表社員に就任する個人の実印を押印します。

❷定款で設立時の代表社員が定められ、社員として定款の末尾に記名、実印で押印している場合は不要です。

4 設立登記の申請（ポイント解説）

会社を設立する"申込書"。

会社設立地を管轄する法務局に提出

◆ 設立登記申請書

合同会社設立の登記にあたっては、会社設立地を管轄する法務局に、設立登記申請書を提出することになります。

●合同会社設立登記申請書
書式をダウンロードするなどして、自分で作成する。

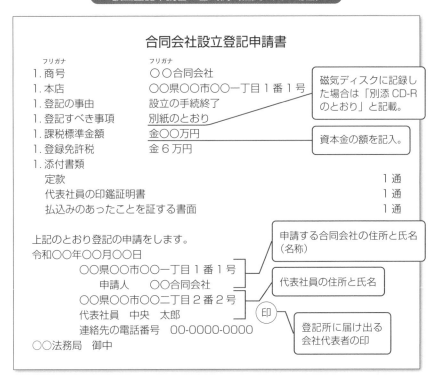

設立登記申請書の書式例（社員一人の場合）

合同会社設立登記申請書

	フリガナ	フリガナ	

1. 商号　　　　　　　　○○合同会社
1. 本店　　　　　　　　○○県○○市○○一丁目１番１号
1. 登記の事由　　　　　設立の手続終了
1. 登記すべき事項　　　別紙のとおり
1. 課税標準金額　　　　金○○万円
1. 登録免許税　　　　　金６万円
1. 添付書類
　　定款　　　　　　　　　　　　　　　　　　　　　　　　　１通
　　代表社員の印鑑証明書　　　　　　　　　　　　　　　　　１通
　　払込みのあったことを証する書面　　　　　　　　　　　　１通

上記のとおり登記の申請をします。
令和○○年○○月○○日
　　　　　○○県○○市○○一丁目１番１号
　　　　　　申請人　　○○合同会社
　　　　　○○県○○市○○二丁目２番２号
　　　　　代表社員　中央　太郎　　　　　　㊞
　　　　　連絡先の電話番号　00-0000-0000
○○法務局　御中

磁気ディスクに記録した場合は「別添 CD-R のとおり」と記載。

資本金の額を記入。

申請する合同会社の住所と氏名（名称）

代表社員の住所と氏名

登記所に届け出る会社代表者の印

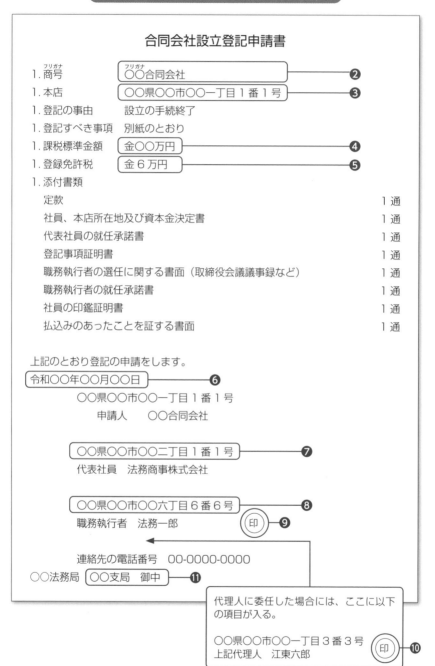

設立登記申請書例（法人が代表社員の場合）

合同会社設立登記申請書

1. 商号　フリガナ
   　　　フリガナ ○○合同会社　❷
1. 本店　○○県○○市○○一丁目１番１号　❸
1. 登記の事由　　　設立の手続終了
1. 登記すべき事項　別紙のとおり
1. 課税標準金額　金○○万円　❹
1. 登録免許税　金６万円　❺
1. 添付書類

   定款　　　　　　　　　　　　　　　　　　　　　　　　１通
   社員、本店所在地及び資本金決定書　　　　　　　　　　１通
   代表社員の就任承諾書　　　　　　　　　　　　　　　　１通
   登記事項証明書　　　　　　　　　　　　　　　　　　　１通
   職務執行者の選任に関する書面（取締役会議議事録など）　１通
   職務執行者の就任承諾書　　　　　　　　　　　　　　　１通
   社員の印鑑証明書　　　　　　　　　　　　　　　　　　１通
   払込みのあったことを証する書面　　　　　　　　　　　１通

上記のとおり登記の申請をします。
令和○○年○○月○○日　❻
　　　　　　○○県○○市○○一丁目１番１号
　　　　申請人　　○○合同会社

　　　　○○県○○市○○二丁目１番１号　❼
　　代表社員　法務商事株式会社

　　　　○○県○○市○○六丁目６番６号　❽
　　職務執行者　法務一郎　　㊞　❾

　　連絡先の電話番号　00-0000-0000
○○法務局　○○支局　御中　⓫

代理人に委任した場合には、ここに以下
の項目が入る。

○○県○○市○○一丁目３番３号　㊞　❿
上記代理人　江東六郎

106

記載例が法務局のHPにあるので参照してください。

> http：//houmukyoku.moj.go.jp/homu/content/
> 001252889.pdf

注 意

❶法務局に登録する会社の実印（丸印）を押印します。

❷商号　〇〇合同会社の上にカタカナでフリガナを左に詰めて記入します。間の空白は詰めて記入します。

❸会社の所在地は、町名、番地まで記載します。

❹課税標準金額は資本金の額を記載します。

❺登録免許税は収入印紙または領収書で納付します（貼付台紙または申請書余白へ糊付）。

❻日付は、法務局に提出する日を記入します。

❼代表社員の住所を記載します。

❽職務執行者の住所を記載します。

❾登記所に届け出る会社代表者印を押します。

❿代理人に委任した場合は、代理人の印鑑を押します。その場合❾の代表印は必要ありません。

⓫宛先は会社を設立する地域を管轄する法務局です。

⓬登記すべき事項を、電磁的記録媒体で提出する場合には、「別添CD-Rのとおり」もしくは「別添FDのとおり」と記入し、申請書とともに提出します。登記事項を記録したCD-Rで提供する場合には、登記すべき事項は、「メモ帳」機能などを利用してテキスト形式で記録し、ファイル名は「（任意の名称）.txt」とします。

第5章　登記手続き

別紙の記載例（登記申請書と同じ A4 サイズの用紙）

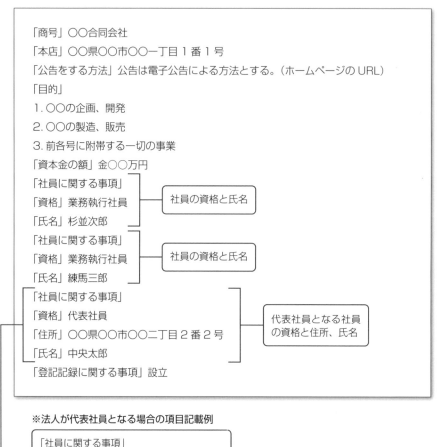

「商号」〇〇合同会社

「本店」〇〇県〇〇市〇〇一丁目１番１号

「公告をする方法」公告は電子公告による方法とする。（ホームページの URL）

「目的」

1.〇〇の企画、開発

2.〇〇の製造、販売

3.前各号に附帯する一切の事業

「資本金の額」金〇〇万円

「社員に関する事項」
「資格」業務執行社員 ── 社員の資格と氏名
「氏名」杉並次郎

「社員に関する事項」
「資格」業務執行社員 ── 社員の資格と氏名
「氏名」練馬三郎

「社員に関する事項」
「資格」代表社員
「住所」〇〇県〇〇市〇〇二丁目２番２号 ── 代表社員となる社員の資格と住所、氏名
「氏名」中央太郎

「登記記録に関する事項」設立

※法人が代表社員となる場合の項目記載例

「社員に関する事項」
「資格」代表社員
「住所」〇〇県〇〇市〇〇二丁目１番１号
「氏名」法務商事株式会社
「職務執行者」
「住所」〇〇県〇〇市〇〇六丁目６番６号
「氏名」職務執行者　法務一郎

COLUMN　法務局のチェックに引っかかるパターン

　設立登記申請手続きは、法務局との攻防戦にほぼ陥ります。ドロ沼にはまって、何度も書類を突き返されたあげく、時間切れで申請取り下げになったら泣いても泣ききれません。「重箱の隅を楊枝でほじくる」ような目に遭おうが、グッとこらえて、申請受理まで耐えるしかないのが現実です。

　法務局のチェックに引っかかるパターンは、大きく分けて以下の2つです。

① 「設立登記申請書」の不備

　申請書に「添付書類の名称など必要事項の記載ミス・もれ」や「印鑑の押し忘れ」がある場合、チェックに引っかかります。

　担当者によっては、捨印は1か所でも押し忘れたら受理されないので、印鑑は必ず持参しましょう。なお、本書では、捨印は省略しています。

② 「添付書類」の不備

　申請書に添付する書類は定款や印鑑証明書などであり、添付書類の住所欄が「印鑑証明書」などの住所表記と1文字違っていても法務局からミスが指摘されます。

対処法 1　書類を補正する

　書類の補正とは、「法務局の担当官の指示に従って訂正すること」を意味します。担当者により、個人差やそれぞれの"趣味""流儀"もありますが、なんと言われようが、いっさい反論せず、言われたとおり対応するほかありません。

　補正が必要な場合、法務局から連絡があるので、申請書には携帯電話など日中連絡が取れる電話番号を記載しておきます。何度補正しても、費用はいっさいかかりません。かかるのは、物理的な手間ひまのみです。

対処法 2 **申請を取り下げる**

　法務局のチェックに引っかかっても補正で対処できなければ、最悪、申請をいったん取り下げざるを得ません。

　取り下げにより、登録免許税 (例：合同会社の設立なら6万円) が還付 (返金) されますが、通い詰めた交通費や物理的な手間ひまは返ってきません。

　下手をすると、ビジネス上の機会損失にもつながりかねないので、決して一筋縄にはいきませんが、少しでもスムーズに進むようできる限り、ケアレスミスはなくしましょう。

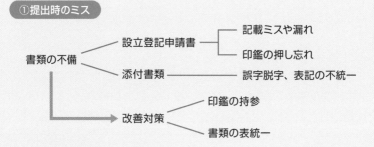

提出書面のミス防止策

①提出時のミス

書類の不備 ─┬─ 設立登記申請書 ─┬─ 記載ミスや漏れ
　　　　　　 │　　　　　　　　　 └─ 印鑑の押し忘れ
　　　　　　 └─ 添付書類 ──────── 誤字脱字、表記の不統一
　　　　　　
　　　　　　 → 改善対策 ─┬─ 印鑑の持参
　　　　　　　　　　　　　└─ 書類の表統一

②補正時のミス

・担当官の指示に従って謙虚に訂正する

第 **6** 章

運営・助成金の申請など

融資制度もあるので、積極的に活用しよう。
投資詐欺にも要注意！

・会社設立はゴールじゃない。ここからがスタート。
・会社運営するうえで注意すべき点とは。
・会社運営を助ける助成金・補助金がこんなにある。

会社運営の注意点

会社運営は様々な意思決定の連続。

 会社が順調なら社員加入・従業員雇用、うまくいかなければ社員退社や会社解散・清算も

◇ 合同会社運営上の注意点

　設立した合同会社を運営する中で、会社の重要な決定事項である社員や業務執行社員の報酬、定款内容の変更、社員の加入や退社、融資申込といった様々な意思決定が必要な場面が生じます。

　また、事業が成功して会社の規模を拡大する場合、株式を公開するために合同会社を株式会社へと組織変更することも可能です。

　合同会社運営上の注意点として、以下の項目が挙げられます。

●意思決定

　合同会社では、社員または業務執行社員の全員の一致か、定款に定めていれば過半数の決議があれば、会社の意思決定ができます。

　社員が多数だったり、意見がまとまらない場合もあるので、「多数決にて決定」「2/3以上の多数決」などと、定款で具体的に定めておけば、スムーズに意思決定ができます。

●意思決定の定義

　アメリカの経済学者・社会学者であるハーバート・サイモンは、「経営とは意思決定である」として、意思決定の対象となる問題を「構造的問題」「半構造的問題」「非構造的問題」に分類。中でも「半構造的問題」が重要であると指摘した。

　半構造的問題とは、解決のためのロジックが明確な構造的問題とロジックが存在しない非構造的問題の中間に位置する課題のこと。

▼ハーバート・サイモン

by Wikipedia

●利益の分配方法

　合同会社は、定款で定めることにより、自由な利益分配が可能です。会社の利益は、出資者（社員）に対して配当という形で分配されます。

　通常は1年間の事業年度が終了した段階で、利益を分配しますが、支払い時期や支払い方法などは、各社員の意見を尊重しながら詳細を詰めて、定款に定めることが必要となります。

●社員の移動
・社員の加入

　合同会社の社員の加入には3つの方法があり、いずれの場合も、定款変更が必須です。

①新たな出資による加入（他の社員から持分を譲り受けない加入）
②持分の譲り受けによる加入
③社員の死亡または合併による加入

　合同会社では、出資して経営に参加する人を「社員」といいますが、仕事を遂行するための「従業員」とは異なっています。社員の合同会社への入社には、以下のルールが必要です。

・合同会社の現社員による加入の同意
・定款の変更
・新たな加入者による出資

などです。

　合同会社の定款を変更するには、原則として社員全員の同意が必要となります。また、合同会社の社員となる人は、出資金の払い込みを済ませて初めて、正式に合同会社の社員として加入することができます。

●利益分配の制限

　配当可能な限度額は、

①合同会社全体での限度額
②配当を受ける社員での限度額があり、この額のどちらか小さい方。

　すなわち、配当する時点会社の利益剰余金の額と配当を受ける社員の利益剰余金の額のうち、少ない方が配当可能限度額となる。

第6章　運営・助成金の申請など

出資金の払い込みが済めば、社員になれる

合同会社の社員

• 社員の退社

　合同会社の社員の退社には、社員である資格を自ら退く**任意退社**と、会社側の主導または一定の事由の発生により強制的に退かせる**法定退社**があります。

　社員が辞めると同時に原則として、その人が合同会社に出資した出資金を返却することになっています。しかしそのとき、合同会社に資金がない場合もあり、返却されない場合には、異議申し立てができます。

• 社員の除名

　合同会社は一定の事由がある場合に、社員の除名を請求する訴えを提起することが認められています。

　社員が不正を働いたりして辞めさせるような必要が生じた場合、その社員以外の全員の過半数の議決を得られれば、除名を請求できます。また、社員が破産した場合には、会社や本人の意思にかかわらず、退社しなければなりません。

●従業員の雇用

　合同会社の社員になるためには、上記のような手続きを経ることが必要条件ですが、従業員の雇用はいつでもできます。従業員を雇用したら、雇用主としての義務が発生します。すなわち、従業員の社会保険や労働保険の加入手続きをしたり、所得税を給与から天引きして税務署に納付しなければなりません。

●定款変更

　合同会社が定款を変更するのは、以下の場合です。

・会社名の変更

・事業目的の変更

・本店所在地の変更

・社員の住所変更

●任意退社の場合

　合同会社の存続期間を定款で定めなかった場合や、特定の社員が生きている間、合同会社が存続することを定款で定めた場合には、退社を希望する社員が6か月前までに退社の予告を通知することで、事業年度の終了時に退社することができる。

合同会社の社員

雇用主の義務

合同会社が定款変更する場合は原則として、全社員で決議を行ったあと、全社員の同意を得ることで定款の変更が認められます。合同会社設立当初に予め定款に別の定めをしておくことによって、全員の同意を得なくても成立させることができます。

例えば、「定款変更は、社員の○分の○以上の一致をもって決定する」「代表社員が決定する」などです。また、合同会社の定款を変更した場合原則として、法務局での登記手続きを伴います。その際、変更内容に応じた登録免許税がかかるので、気をつけてください。

➡登録免許税に要する印紙代
・目的変更　　　：3万円
・社員の変更　　：1万円（資本金が1億円を超える会社については3万円）
・支店の設置　　：6万円（1か所につき）
・本店、支店の移転：3万円（1か所につき）
・会社の解散　　：3万円

●合同会社を解散するとき

合同会社での事業を終了するためには、解散・清算の登記の手続きが必要になります。

会社は「解散」することによって、事業活動を停止します。具体的には、以下のような場合です。

・定款で定めた存続期間が満了したとき
・定款で定めた解散事由が発生したとき
・合同会社の全社員が解散に同意したとき
・合同会社の社員が欠けたとき
・合併により合同会社が消滅するとき
・合同会社が破産したとき

●定款変更の登記申請

定款変更に伴い、法務局への変更登記申請が必要な場合、原則として変更が生じた日から2週間以内に登記申請をする必要がある。

万が一申請しなかった場合は代表者に対して100万円以下の過料が課せられる恐れもあるので、注意する必要がある。

第6章 運営・助成金の申請など

定款変更の登記申請は、原則変更が生じた日から2週間以内。

申告しなかった場合

代表者に100万円以内の過料!!

・裁判所から解散命令が出されたとき

　合同会社が解散するときには、精算人を置いて清算手続きを行います。

　清算人は、合同会社を解散するための手続きや債権の取り立て、債務弁済や残った財産の分配などを行います。清算人には、合同会社業務執行社員、あらかじめ定款で定めた人、合同会社社員の過半数の同意によって定めた人などが就任します。

　会社に残った財産を整理する「清算」が完了すると、会社は法律上消滅します。「解散」だけでなく「清算」まで完了して初めて、法律上「会社を閉じる」ことができます。なお、清算人は、合同会社の帳簿類を10年間保存することになっています。

●株式会社への組織変更

　合同会社の定款に特別に定めがなければ、原則として合同会社の全社員の同意により、株式会社への組織変更をすることができます。

●合同会社解散

　合同会社を設立するのは比較的簡単。しかし、合同会社の解散・清算手続きには2か月以上の期間がかかり、株式会社の解散・清算と同様の手間が発生する。

　法務局への登記申請も2回におよび、作成を要する書類も多いので、注意する必要がある。

会社運営は意思決定の連続

助成金・補助金、融資制度の活用

創業時に申請できる助成金・補助金、活用可能な融資制度は!?

 代表的な助成金・補助金は４つ、融資制度は２つ

◇ 助成金、補助金とは

　合同会社は株式会社と異なり、株式市場で資金調達でき
ず、民間金融機関からの融資もあまり期待できません。そ
のため、国や地方公共団体の融資を利用することになりま
す。

　創業時に申請できる助成金・補助金、活用可能な融資制
度としては、以下のものがあります。

　補助金・助成金は、国や地方自治体などが、技術開発や
事業の発展などを目的に、事業者などの特定の支出を補助
する制度です。

　創業期には、国や地方自治体による「補助金」「助成金」を
活用するのが得策です。新創業融資制度をはじめとした
「融資」には返済義務がありますが、補助金・助成金は返す
必要がありません。

　これから起業する"起業家予備軍"の人に向け、会社を設
立する際に利用できる助成金や補助金など、資金調達につ
いて詳しく説明します。

　数多ある助成金や補助金を主催している団体は、主に次
の４つになります。

●補助金と助成金の違い
①

　ざっくり言うと雇用系
が**助成金**、それ以外が**補
助金**と呼ばれる。

　助成金は要件などが合
えば受給できる可能性が
高いのに対し、補助金は
予算の関係上、採択の上
限が確定している場合が
多く、申請しても受給で
きないことも少なくな
い。

●創業期の助け舟

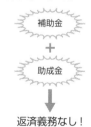

➡補助金・助成金を主催している団体

・経済産業省

・厚生労働省

・地方自治体

・民間団体・企業

　支援対象となる事業・企業や支援の目的は団体によって異なります。

●経済産業省

　経済産業省（経産省）は、日本全体の経済・産業の発展を管轄しています。傘下には小規模な事業者や起業家を支援する役割を担う中小企業庁があり、その補助金も、地域の活性化や中小企業の振興を目的としたものがほとんどです。

　創業期の企業や事業規模が小さい企業の成長を助ける目的で設置された補助金が利用しやすいので、設立直後の会社なら、経産省が主催する補助金は最適です。

　新型コロナ対策の一環である事業再構築補助金や、地域でインバウンド観光を推進する事業に取り組んでいる企業を対象にした補助金もあります。

▼事業再構築補助金

https：//jigyou-saikouchiku.go.jp/

●補助金と助成金の違い②

　助成金は随時、あるいは長期間の申請期間が設けられているものが多い。

　一方、補助金は申請期間（公募期間）が短く、1か月程度しかない場合もある。

　補助金・助成金は、スクラップ・アンド・ビルドが激しく、どんどんと新しい制度が生まれては、反対に消えてなくなっている。

日本の地域活性化・中小企業振興！

▼経済産業省のホームページ

●厚生労働省

厚生労働省は、福祉や労働・雇用などを管轄しているところから、職業能力向上のための補助金や雇用促進を目的とした助成金を主催しています。

非正規雇用の従業員を自社内でキャリアアップさせようと考えたときに申請するキャリアアップ助成金など、雇用関係の助成金が多いことが特徴です。会社設立時に限らず、人材に関する変更を行う際はチェックしておくとよい仕組みです。

●地方自治体

各市区町村などの自治体が主催している補助金もあります。それぞれの地域の活性化を目的としていることから、目的に特化したユニークな補助金・助成金も豊富です。

例えば、「創業助成事業」（東京都）、「大阪起業家グローイングアップ事業」（大阪府）、「埼玉県起業支援金」（埼玉県）など、全国で目白押しなので、登記した（あるいは、する予定の）市区町村のホームページをよく確認してください。

●民間団体・企業

公的機関以外に、民間企業や企業団体などが交付する助成金・補助金もあります。特定の業種の会社や事業者を対象にした制度が多いのが特色で、種類や条件、支給額はその団体により様々です。

●補助金・助成金は後払い

補助金や助成金は、原則として後払い。申請して審査に通過できたからといって、すぐ入金されるわけではない。

例えば、経費を助成してもらえる場合には、実際に経費を払い終えたことを報告し、間違いないと確認されてからようやくお金を受け取れるので、注意する必要がある。

▼厚生労働省ホームページから

> ● 企業の方へ
>
> ▸ 人材確保等支援助成金
> ▸ 雇用調整助成金
> ▸ 在籍型出向支援・産業雇用安定助成金
> ▸ 人材をお探しの事業主の方へ（ハローワーク）
> ▸ 厚生年金保険料等の標準報酬月額の特例改定
> ▸ 人材開発支援助成金
> ▸ 派遣・職業紹介・求人メディア
> ▸ 社会保険適用拡大特設サイト
> ▸ キャリアアップ助成金
> ▸ 働き方改革推進支援センターのご案内
> ▸ iDeCo+（イデコプラス・中小事業主掛金納付制度）

第6章　運営・助成金の申請など

◀大阪起業家グローイングアップ事業のホームページ

なにわのスタートアップ応援団！

◇ 創業時に申請できる主な助成金・補助金

　創業時に申請できる、代表的な助成金・補助金は、以下の4つです。

・創業支援等事業者補助金
・小規模事業者持続化補助金
・キャリアアップ助成金
・地域中小企業応援ファンド（スタート・アップ応援型）

●創業支援等事業者補助金

　創業支援等事業者補助金とは、起業する人や2代目社長が新事業を開始するような場合にもらえる補助金で、新しいサービスや新しい雇用が生まれることで地域や日本の経済を活性化させるために設けられました。以前は「創業補助金」「地域創造的起業補助金」と呼ばれ、産業競争力強化法に基づき設けられました。

　制度の適用は市区町村単位となるので、会社の登記所在地の自治体が対象かどうかを確認する必要があります。

●創業補助金

　国による「創業補助金」は変更されたが、地方自治体が創業を支援する様々な取り組みを実施している。

　代表的なものだと、東京都が中小企業を対象に支援を行う「創業助成金」がある。

▼東京都のホームページより

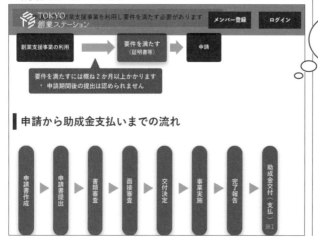

頑張れ！
2代目社長‼

●小規模事業者持続化補助金

　小規模事業者持続化補助金は、地域産業を支える小規模事業者が、様々な制度変更に対応し、持続的に発展できるようにすることを目的としています。

　経営計画に従って実施する「販路開拓」などの取り組みに対して、最大200万円の補助金（補助率2/3）が支給される制度です。

　また、2023年からは新たに「インボイス特例」が設けられ、免税事業者から適格請求書発行事業者に転換するインボイス転換事業者に対して、各枠の補助上限が一律50万円上乗せされることになりました。

　会社設立時の補助金に関連性が高いのが、特別枠として設けられた「創業枠」です。認定市区町村などが実施する特定創業支援等事業による支援を、過去3年の間に受けて創業した小規模事業者が補助の対象になります。

　補助上限は200万円、補助率3分の2までで、通常枠よりも充実した補助が受けられます。補助対象になる経費は、機械装置の購入費用、新サービスの広報費、新商品やシステムの開発費などです。

●キャリアアップ助成金

　キャリアアップ助成金は、厚生労働省による事業主向けの雇用関係助成金の1つです。有期契約労働者、短時間労働者、派遣労働者など「非正規雇用労働者」の企業内でのキャリアアップなどを促進するための助成金です。

　キャリアアップ助成金の中でも、正社員化コースは、会社設立から経営が安定してきた段階で活用できるのが特色です。契約社員、パート社員、派遣社員など有期雇用労働者を正規雇用の労働者に転用したとき、または直接雇用したときに助成金を受けられます。設立時の社員を正規雇用にする場合などにも活用できます。

●小規模事業者とは

　「小規模事業者」とは、株式会社、合名会社、合資会社、合同会社、特例有限会社、企業組合、協業組合および個人事業主（商工会に所属する者）のこと。

　特定非営利活動法人（NPO法人）も収益事業を行っていれば対象となる。

　ただし業種により要件が異なるので注意が必要。

▼小規模事業者持続化補助金のホームページ

●キャリアアップの対象者

　キャリアアップの対象者は、正規雇用ではない労働者。

　具体的には、雇用される期間が通算6か月以上の有期契約労働者、無期雇用労働者、同一の業務について6か月以上の間、継続して従事している派遣労働者などが該当。

●地域中小企業応援ファンド【スタート・アップ応援型】

　中小機構と地方自治体、金融機関などが共同で出資して組織されたファンドで、企業の商品開発や需要開拓などの支援を目的に、各都道府県で中小企業を助成金によって支援しています。助成対象は、中小企業者や創業者などで、創業に重点を置いているのが特色です。また、複数年度にわたるプロジェクトや規模が比較的大きい企業でも応募できるものもあります。

　地域中小企業応援ファンドと**農商工連携型地域中小企業応援ファンド**の2区分があり、地域独自の取り組みとして、様々な地域中小企業応援ファンドが全国にあります。特定の費用についてファンドから助成を行う仕組みで、助成金に該当するため、事業者は返済の必要はありません。

　具体的な支援対象者や支援対象分野、助成金の上限額や助成期間はファンドによって様々なので、まずは自治体に地域中小企業応援ファンドがないか確認してみましょう。

●地域中小企業応援ファンドの注意点

　地域中小企業応援ファンドは、すべての都道府県に設置されているわけではないため、企業所在地にファンドが設置されていなければ、そもそも活用することはできない。

全国津々浦々の中小企業を全力支援‼

▼地域中小企業応援ファンドのホームページ

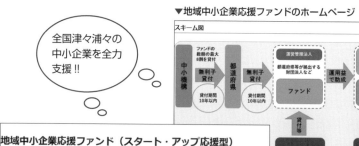

地域中小企業応援ファンド（スタート・アップ応援型）

「地域中小企業応援ファンド（スタート・アップ型）」は、中小機構と都道府県、金融機関等が資金を拠出し、ファンド（基金）を造成し、その運用益により中小企業者等を支援する事業です。
創業や販路開拓などに取り組む中小企業者等は、ファンド運営管理法人（各都道府県の中小企業支援機関等）に対象事業が採択された後、そのファンド運用益から資金の助成を受けることができます。

◇ 融資制度

　創業者向け融資制度は、主に以下の2つです。

・日本政策金融公庫の新創業融資制度
・制度融資

●日本政策金融公庫の新創業融資制度

　合同会社が、創業時や創業間もない時期にまとまった資金調達ができるのが、日本政策金融公庫の**新創業融資制度**です。ただし、融資制度を利用するには、十分な自己資金や綿密に練られた事業計画書などが要求されます。

　日本政策金融公庫は、いわゆる政府系金融機関（政府が100％出資している機関）で、個人事業主やフリーランス、起業家、中小企業に対し融資を行っています。

　日本政策金融公庫には色々な融資制度がありますが、中でも合同会社に向いているのが「新創業融資制度」です。

　新創業融資制度のメリットは、以下のものが挙げられます。

・無担保・無保証・連帯保証人が不要
・融資実行までが速い

　日本政策金融公庫の各種融資制度では、原則として担保を提供したり、連帯保証人を付けたりしなければなりませんが、新創業融資制度は条件を満たせば無担保・無保証で借り入れができます。

　申込者が法人の場合でも、代表者の連帯保証は不要です。また、新創業融資制度の金利は、2.23〜3.20％と低く（2023〈令和5〉年4月3日現在の基準利率）、他の金融機関と比べると1％程度低い金利で借り入れができ、起業家に有利な条件で資金調達を行えます。

●日本政策金融公庫と銀行の違い①

　日本政策金融公庫は国益のために設立。公庫自体の利益よりも中小企業や個人など国民の経済的な課題の解決を優先する。民間金融機関の業務を補完し、銀行では融資が困難な創業時の融資や災害時の貸付などを行う。

第6章　運営・助成金の申請など

●創業者向け融資制度

　申請から融資実行までのスピードが速いのも大きなメリットです。融資審査には通常2〜3か月かかるといわれますが、新創業融資制度を適用すると1か月半ほどで融資が実行されるため、非常にスピーディに資金調達することが可能です。

　一方、デメリットには、以下の点が挙げられます。

・自己資金が要件
・審査が厳しい

　新創業融資制度を利用するには、原則、創業資金総額の10分の1以上の自己資金の用意が必要となります。

　また、新創業融資制度は、条件を満たせば申し込みできるものの、審査は厳しいといわれています。

　採択率は公表されていませんが、申し込みをしたからといって必ず融資を受けられるわけではないことに留意しましょう。

●日本政策金融公庫と銀行の違い②

　日本政策金融公庫は、個人や中小規模の事業主に対する融資を行うほか、制度融資などに伴う信用保証協会のリスクをカバーする信用保険業務なども行う。

　一方、民間の金融機関は預金業務・為替業務・貸出業務の「銀行の3大業務」を行う。

▼日本政策金融公庫のホームページ

無担保・無保証で融資までが速い！

●制度融資

　個人事業主やフリーランス、起業家、中小企業向けに、地方自治体と金融機関、信用保証協会が連携して提供するのが、制度融資です。信用保証協会は、公的な性質を持つ保証機関で、創業融資に限らず、融資の際に保証協会を利用することで融資を受けやすくなります。

　誰でも申請できる半面、事業所のある都道府県によって、利用できる制度が変わります。その地域の自治体と金融機関、信用保証協会の各機関が行う支援内容が異なるのです。

　制度融資のメリットには、以下のものが挙げられます。

・審査のハードルが低い
・自己資金要件がない
・低金利で借り入れできる
・長期間融資を受けられる

　制度融資は起業家や中小企業の資金調達をサポートする目的があるため、日本政策金融公庫の新創業融資に比べ、事業経験や自己資金要件がないなど、審査条件が緩和されて、社会的認知度と信用度が低くても申し込みしやすくなっています。

●信用保証付き融資と制度融資の違い

　信用保証協会の信用保証がついているものは「信用保証付き融資」、そして自治体が絡んでいるのは「制度融資」と、大雑把に分けられるが、「制度融資」は、自治体と信用保証協会、金融機関によって実施されているので、これも「信用保証付き融資」の一部といえる。

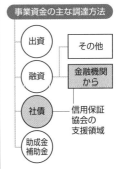

▲資金調達の方法
　（信用保証協会より）

第6章　運営・助成金の申請など

▼信用保証協会のホームページ

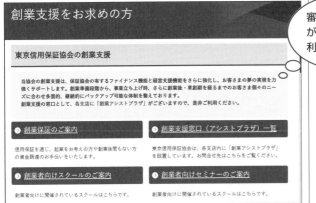

審査のハードルが低い!　低金利で長期!!

地方自治体が信用保証料の一部を補助するため、低金利で融資を受けられるのもメリットです。融資メニューによっては、長期間の借り入れもできます。

一方、デメリットは、以下の点です。

・各自治体ごとに融資メニューが異なるため複雑
・融資の相談から実行まで時間がかかる

制度融資のメニューは各地方自治体が設けていますが、その種類は様々です。

詳しい融資制度とメニューは各自治体のホームページで確認できますが、自社にどの融資メニューが適しているか、わかりづらいのが難点といえます。

また、新創業融資制度と比べて、融資の相談から実行に至るまでかなり時間を要します。自治体、金融機関、信用保証協会といった複数の機関が関わり、金融機関、信用保証協会との面接も必ずあり、手続きのプロセスが煩雑だからです。

制度融資の場合、申請してから融資が実行されるまで、2〜3か月は覚悟した方がいいでしょう。

● **制度融資以外の資金調達方法**

制度融資のほかにも、日本政策金融公庫や商工会議所・商工会も長期・低金利で融資を行っているので、選択肢の1つとしてとらえておくといい。

補助金 / 助成金 給付金 / 貸付

新創業融資制度と制度融資のメリットとデメリット

	無担保・無保証	連帯保証人	融資実行スピード	自己資金要件	審査	仕組み
新創業融資制度	○	○ 不要	○ 速い	× あり	× 厳しい	○
制度融資	—	—	×	○ なし	○ ハードル低	× 複雑

☞ ほぼ互角。スピード重視なら新創業融資制度、敷居の低さなら制度融資。

COLUMN　投資詐欺の新手口「合同会社スキーム」に注意！

　詐欺的な投資勧誘をめぐる消費者トラブルが、高齢者を中心に依然として多く発生しています。手口は「未公開株」や「社債」のほか、「外国の通貨」「事業への投資話」など、より巧妙、多彩になっています。そしていまそこに、**合同会社スキーム**という新たな手口が加わり、注目されています。

　最近では、若年者に対する詐欺的な投資勧誘、暗号資産に関する詐欺的な投資勧誘によるトラブルも目立ってきていますが、このところ浸透しつつある合同会社の事業のための資金調達を行う目的で、出資してくれる「社員」を募集するという形の詐欺も増えつつあります。

　2022年9月12日、かねてから問題視されてきた「合同会社」を利用したスキームを規制する「内閣府令」が交付され、2022年10月3日から施行されました。金融当局、消費者庁も問題視する「合同会社スキーム」とは、お金を出資して「社員」になってもらう形で不特定多数の人からお金を集め、それを運用するというものです。この仕組みには、金融商品取引法の規制を免れることができてしまうという問題点がありました。

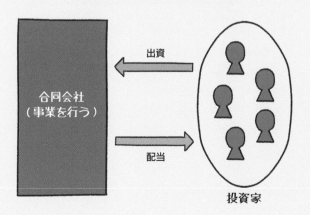

合同会社スキームの仕組み

金融商品取引法は、金融商品の取引の公正をはかり、投資家の保護を目的とする法律で、金融商品取引業者に対し厳しい規制を課しています。具体的には、株式、債券、投資信託等の金融商品を取り扱う業者については、監督官庁において、「登録」「認可」「免許」を受けなければならないという参入規制が課せられています。

　また、金融商品の募集に際しては内閣総理大臣への有価証券届出書の提出や、投資家に対する目論見書の交付、さらに、監督官庁への定期的な報告、出資者に対する継続的な情報提供などを行わなければなりません。

　このほかにも、金融商品取引業者には厳格な規制が課され、金融商品取引法の規制の下では、公正性と透明性が強く求められています。

　今回問題となっている「合同会社スキーム」の場合、名目上は、あくまでも合同会社自体の事業のための資金調達を行う目的で、出資してくれる「社員」を募集するという形であり、金融商品取引法などの厳しい規制は適用されてきませんでした。

　許認可なくして簡単にお金を集めることができるだけでなく、集めたお金の運用状況についての出資者への情報開示や説明についても、基本的には法律の規制を受けないので、金融商品取引法が事実上しり抜けとなっています。

　証券取引等監視委員会や消費者センターには、以下のような報告が寄せられており、注意を呼びかけています。

・合同会社が多数の従業員（使用人）を用いて、電話やインターネット、投資セミナーなど様々な手段により、高利回りをうたって勧誘する。
・若年層から高齢層まで幅広く勧誘する。
・投資家が勧誘に応じて出資した結果、勧誘者と連絡が取れなくなる。
・勧誘時にうたわれていた利回りで運用されず、投資した資金自体も回収されない。

　このように、投資詐欺の方法がますます巧妙化し、「合同会社」がそのスキームに悪用されている事例として、注意喚起のためにご紹介しました。

第 **7** 章

法人成りとインボイス制度
導入の相関関係

インボイス制度導入のタイミングでやるべきこととは

・2023年秋から始まるインボイス制度との関りを知ろう。
・インボイス制度とは。何が変わるの？
・インボイス制度導入と法人成り〜合同会社選択の相関関係。

個人事業主が法人成りする タイミング

インボイス制度導入を機に法人成りを考える個人事業主が増加か。

 インボイス制度導入前に個人事業者が法人成りをすると、消費税の納税が最長2年間免除！

◇ 法人成りのタイミング

第1章でも説明しましたが、**法人化（法人成り）**とは、個人事業主が株式会社や合同会社などの法人を設立し、事業を法人に変更することをいいます。

個人事業主が法人化（法人成り）するタイミングとして、「法人口座開設を考えたとき」「節税のメリットが生じたとき」などがあります。

さらに、2023年10月1日から導入されたインボイス制度は、特に個人事業主への影響が大きいとされ、これを機に法人化を検討する個人事業主も多いとみられます。

というのも、インボイス制度導入前に個人事業主が法人化することで、消費税の免税期間を最長2年間受けることができるからです。

◇ インボイス制度とは

インボイス制度とは、2023年10月1日から導入された新しい仕入税額控除の方式です。正式名称を「**適格請求書等保存方式**」といい、複数の税率に対応した消費税の仕入税額控除の方式となります。

●インボイス制度登録

登録は任意なので個人事業主が登録する義務はない。しかし、登録していないと課税事業者との取引がなくなる恐れがあるので、事業の状況に応じて登録を検討するとよい。

●インボイス制度の導入前に法人成りすると

個人事業主　　合同会社

消費税が2年間免除

インボイス制度導入後は、一定の要件を満たした適格請求書（インボイス）を売り手が買い手に発行し、双方が適格請求書を保存することで、消費税の仕入税額控除が適用されるようになるものです。適格請求書がなければ仕入税額控除は適用されません。

詳しくいうと、商品やサービスの売り手と買い手の双方に適用され、売り手は適格請求書を交付、その写しを保存、買い手は適格請求書の保存が義務づけられます。

適用税率や、税率ごとの消費税額を明記した適格請求書を交付することで、取引の透明性を高めることが狙いで、免税事業者の**益税***を防ぐ目的もあります。

◇ インボイス制度で取引停止も!?

インボイス制度が始まると、いわゆる「**免税事業者外し**」を懸念する事業者もいるでしょう。

というのも、インボイスを発行してくれない相手からの仕入れにかかった消費税は控除できず、免税事業者はインボイスを発行できないので、従来の取引先から取引を見直される可能性があります。

控除のことを考えると、課税事業者同士で取引する方が絶対便利なので、免税事業者が契約打ち切りや取引の一時停止といった憂き目に遭いかねないからです。これまで免税事業者だった事業者が、課税事業者になるのを事実上迫られることになるかもしれません。

● インボイス制度と消費税の関係

インボイス制度の導入後は、仕入税額控除をする条件として「適格請求書発行事業者が発行する適格請求書を受領すること」とされており、適格請求書を貰えないと余分な消費税を納めなければならない。

* 益税

消費税の一部が納税されずに業者の利益になること。

● インボイス制度が始まると…

免税事業者 → 取引先
取引停止の恐れ

第7章 法人成りとインボイス制度導入の相関関係

◇ インボイス制度で事業者が受ける影響

売上高1000万円以下の免税事業者は、適格請求書を交付できません。適格請求書発行事業者ではない事業者が、適格請求書と誤解される可能性がある請求書や書類を交付することは禁止されており、違反した場合は罰則も設けられています。

インボイス制度導入後は、適格請求書でなければ仕入税額控除ができないので、課税事業者は適格請求書を交付できる課税事業者との取引を増やし、免税事業者との取引を減らす対応を取るとみられています。それを避けて、免税事業者が課税事業者になったらなったで、結果的に消費税の納税義務が発生し、それに伴う経理業務の負担も増します。

◇ 課税事業者、免税事業者それぞれの影響

課税事業者、免税事業者それぞれについて分けて考えると、まず、課税事業者は、諸々のコスト負担増に対応せざるを得ません。一方、免税事業者は今後の取引のことを考えて、課税事業者になるかどうかの選択を迫られます。

●課税事業者

インボイス制度に伴い、課税事業者は、適格請求書発行事業者の登録をしなければなりません。取引先が適格請求書発行事業者になっているかどうかの確認も必要です。インボイスを発行しない取引先から仕入れたら消費税の控除が受けられず、従来の会計処理方法では対応できない事態も考えられます。

そのため、新規のレジシステムや会計システムなどを取り入れるかを考えなければなりません。

インボイス制度への対応で、様々な追加業務やコストが発生します。

●現行制度とインボイス制度の違い

不正交付への罰則適用の有無や、税額計算が原則「割戻し計算」から「割戻し計算」と適格請求書の税額の「積上げ計算」のいずれか選択可能への変化などが大きく違う点。

●インボイス制度に対する免税事業者の選択

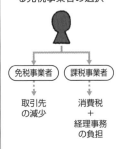

●免税事業者

　免税事業者はまず、取引相手の動向に目を配り、免税事業者のままでいるか、課税事業者に転換するかを選択しなければなりません。個人事業主が法人成りすると、課税売上高がリセットされ、免税事業者としてスタートできるので、移行のチャンスでもあります。

　課税事業者になることを選択したら、適格請求書発行事業者の登録手続きや消費税課税事業者選択届出書を提出します。消費税課税事業者選択届出書については、2023年中に適格請求書発行事業者登録をする場合、登録日から課税事業者となる経過措置があります。これによって選択届出書の提出は不要となります。

✧ 法人化（法人成り）をするメリット

　個人事業主が法人化をするメリットとして、まず、節税対策になることが挙げられます。

　主な節税のメリットは

①役員報酬（給与）に給与所得控除が適用される
②役員への退職金が損金として認められる
③欠損金の繰越控除可能期間が長くなる

　これらに加えて、インボイス制度導入ともからむのが、

④法人成りをすると、消費税の納税が免除される

というもの。

　ただし、免税事業者となるには以下の要件を満たしていなければなりません。

●課税事業者と免税事業者の違い

　消費税の「免税事業者」とは、消費税の納税義務（確定申告と納税）が免除されている事業者。

　一方、「課税事業者」とは、消費税の申告納税義務がある事業者。

　インボイス制度導入前においては、免税事業者が所定の納税義務の要件を満たすと課税事業者となり、消費税の確定申告と納税の義務が生じる。

●法人化の節税メリット

・役員報酬に給与所得税控除
・役員への退職金が損金に
・欠損金の繰越控除可能期間の延長

個人事業主

↓法人化

合同会社
＋
消費税の免除

①資本金の額が1000万円未満である

②設立初年度の最初の6か月間の課税売上高または給与の
　支払額が1000万円以下である

　資本金が1000万円以上で設立された法人は、設立事業
年度から課税事業者となる特例規定があります。また、②
を満たさない場合には、設立2年目から課税事業者となり
ます。

　国税庁は"前年の前半6か月の課税売上高が1000万円
を超えた場合、その事業年度から課税事業者となる"とし
ています。つまり、設立1年目の前半6か月の課税売上高が
1000万円を超えなければ、2年目も納税が免除されると
いうことです。

　まとめると、法人成りする際に資本金額を1000万円未
満とし、課税売上高が1000万円を超えなければ、2年間
免税となるということです。

　消費税免税事業者になるためのフローチャートを次ペー
ジで紹介します。

●インボイス制度で影響
　を受ける業種
・弁護士・司法書士
・行政書士といった士業
・フードデリバリー業
・イラストレーター
・カメラマン
・ライター
・デザイナー
・エンジニア
・一人親方（建設業など）

中央揃え: 法人化とインボイス制度

どうする!?　個人事業主

消費税の免税事業者になるためのポイント

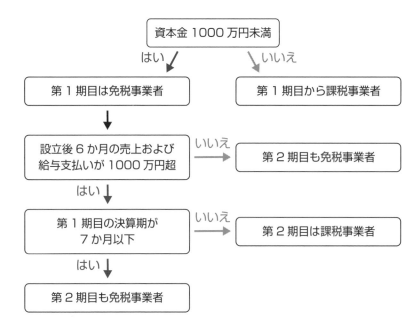

資本金 1000 万円未満

はい → 第 1 期目は免税事業者

いいえ → 第 1 期目から課税事業者

設立後 6 か月の売上および給与支払いが 1000 万円超

いいえ → 第 2 期目も免税事業者

はい

第 1 期目の決算期が 7 か月以下

いいえ → 第 2 期目は課税事業者

はい

第 2 期目も免税事業者

インボイス制度の導入と合同会社の選択

インボイス制度導入を前に、個人事業主が法人成りの動きを加速。

 法人成りの際、合同会社を選択するケース急増

◇なぜ合同会社を選択するのか

インボイス制度の導入を前に、個人事業主の中には法人化（法人成り）を検討・実行している人も多いと思います。そして、法人成りをする際に、合同会社を選択するケースがかなり増えています。

2021年は、新設会社のうち合同会社の占める割合が25％以上、4社に1社が合同会社を選択しています。この10年で4倍以上に増えています。いまや1日あたり約100社の合同会社が誕生している計算です。

会社を新設する際に合同会社が選択されるのは、設立の手続きが株式会社より簡単で、費用も安く済むことが挙げられます。合同会社の数が増えてきて認知度が上がり、合同会社を設立することへの抵抗感が少なくなっているから、ともいえるでしょう。

また、このところ新設会社の総数が増加しているのは、消費税のインボイス制度導入とも関連が大いにあります。

インボイス制度は、課税事業者から購入した商品やサービスについてのみ、消費税の税額控除を認める制度です。

免税事業者からの仕入は、消費税の負担や事務処理の手間を増やすことから、免税事業者との取引を減らそうとする動きが加速します。

●合同会社を選択する主な理由
・設立手続きが簡易
・設立費用・維持費が安い
・資本制約が少ない
・会社経営の自由度が高い
・決算公告の義務がない
・役員任期の更新不要
・組織変更の手続きで株式会社に変更可

インボイス制度の影響で新設会社が増加‼

新設会社

インボイス制度導入を控え、個人事業主が法人成りの動きを加速させているのは、前述したように法人成りすると、最長2年間にわたり消費税の納税義務が免除されるからです。その一方で、インボイス制度開始後には取引先との関係上、課税事業者にならざるを得ない事業者も少なくありません。

そこで、インボイス制度が始まる前に法人成りして、消費税免税というメリットを最大限享受しようとする会社が増えたというわけです。

◇ 法人化（法人成り）を行うべきタイミング

まずいえるのは、法人化（法人成り）はインボイス制度導入前がいい、ということです。

前述したように、法人化する場合、条件を満たすことで最大2年間の消費税免税期間が適用されます。

しかし、インボイス制度が開始されると免税事業者は適格請求書を交付することができないため、事業者によってはこの消費税の免税期間がメリットにならない場合があります。

したがって、法人化を検討している事業者は、インボイス制度が開始される2023年10月1日までに、できるだけ早く法人化を行い、インボイス制度開始までの免税期間を活用するのが得策といえます。

インボイス制度が開始されると、免税事業者であった事業者も課税事業者になる必要性が出てきます。これまでは、取引の内容に応じて消費税の課税取引となるかどうかが決定されていました。

しかしインボイス制度が始まると、課税事業者との取引でなければ課税取引になりません。課税取引にならないと、仕入金額から計算される消費税の控除税額が計上できず、消費税の負担が増えてしまいます。

● インボイス制度に備えて法人成りするメリットとタイミング
・法人化したあと、最長2年間消費税が免税される
・インボイス制度開始前に法人成りするのが得策

> インボイス制度導入前に法人成りがおすすめ！

第7章　法人成りとインボイス制度導入の相関関係

免税事業者　取引　取引先

免税事業者との取引では、消費税の控除が計上できないので、消費税が増えることに！

そのため、消費税の計算を行う企業の中には、課税事業者としか取引しないようにする動きが考えられます。

これまでの取引関係を継続するためには、インボイス制度開始と同時に課税事業者にならざるを得ない場合も想定されます。

もしインボイス制度開始とともに課税事業者になる必要があると、2年間の免税期間をフルに利用することはできません。できるだけ早く法人成りを行い、インボイス制度開始前に免税となる期間を少しでも長く活用できるようにした方がいいのはいうまでもありません。

インボイス制度を見据えて法人成りを考えている個人事業主は、一刻も早く法人成りを行う必要があります。その際、合同会社であれば、設立費用もその後の維持費も安くなり、すぐに設立することもできます。

◇ 法人化（法人成り）してからインボイス制度開始までに行うべき準備

法人成りを目指す個人事業主がインボイス制度開始までに行うべきことは、納税額の把握と経理方法の選択です。

①納税すべき消費税額を把握する

法人は、課税期間の末日の翌日から2か月以内に国税と地方消費税を合わせた消費税を所轄の税務署に納付する義務があります。そのため、事前に納付すべき消費税額を正確に把握し、準備しておく必要があります。資金がショートして納税できなくなるような事態は避けなければなりません。

大まかな納税額を普段から把握し、納税額を混同しないよう管理する必要があります。納税用口座を作るなどの対応がいいでしょう。

●インボイス導入後に法人化すると？

インボイス制度が導入される2023年10月以降に法人化すると、新設法人として免税事業者になるが、法人化による免税のメリットを最大限享受できなくなる。

●合同会社で法人成りすると

個人事業者 → 合同会社

設立費用も、そのあとの維持費も安く、すぐに設立可能！

自身で納税額を管理・把握することが困難な場合は、会計ソフトを利用したり、税理士に依頼することをおすすめします。

②消費税の経理処理を行う

法人化した場合は、消費税を反映した経理処理が必要です。消費税の経理処理には、消費税や地方消費税の額を売上や仕入などに含める「税込経理方式」と、消費税や地方消費税の額を売上や仕入などに含めない「税抜経理方式」の2つがあります。

税込経理方式は、消費税額を売上高や仕入高に含めるため処理が簡単です。半面、消費税額が見積もりにくいというデメリットがあります。

税抜経理方式は、消費税を売上高や仕入高に含めないので処理が煩雑ですが、消費税額が見積もりやすいというメリットがあります。

免税事業者は必然的に「税込経理方式」となりますが、課税事業者の場合は事業者自身で選択できます。なお、どちらの方式でも納めるべき消費税額は変わりません。

◇ 税務署に届出等

インボイス制度が始まると、登録事業者からの仕入でなければ、消費税の税額控除を行うことができなくなります。登録事業者になるためには、税務署に届出書を提出しなければなりません。すでに課税事業者となっている場合も届出が必要なため、忘れないようにしましょう。

一方、これまで消費税を納税する必要のなかった事業者も、インボイス制度が開始されると、消費税の課税事業者となる場合があります。それに備えて、現状の売上高と経費の額から、消費税額を試算しておくといいでしょう。

● 税込経理と税抜経理の違い

損益計算書上の損益は同額となるため、表示上の金額の大小を除けば違いはない。

しかし、税込処理は総額で仕訳を処理するため、法人税法上の処理を行う際に違いが出る。

● 消費税の経理処理

税込経理方式　税抜経理方式

免税事業者も課税事業者もどちらの経理方式を選ぶことができる！

第7章　法人成りとインボイス制度導入の相関関係

　消費税を受け取った事業者は、原則として受け取った消費税から仕入れや経費にかかった消費税を差し引きして、その差額を納付します。

　ただし、売上高が年間5000万円以下であれば、売上に係る消費税から納税額を計算する簡易課税制度が選択できます。どちらの制度を利用して消費税を計算すると有利になるか考えて、簡易課税制度を利用する場合は選択届出書を事前に提出します。

　課税事業者となった場合には、インボイス制度に対応した請求書を発行しなければなりません。そして、対応した請求書を発行できるシステムや会計ソフトを導入する必要があります。

✧ インボイス制度対応に利用できる補助金

　システムやソフトの導入を支援する制度には、下記があります。

・小規模事業者持続化補助金
・IT導入補助金など

　これらの補助金を上手に取り入れて、インボイス制度にも柔軟に対応しましょう。

●インボイス制度に対応した補助金
　小規模事業者持続化補助金のインボイス枠では最大100万円、IT導入補助金では5万～350万円の補助が受けられる。

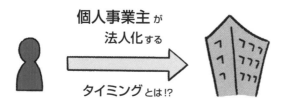

個人事業主が法人化するタイミング

個人事業主が
法人化する
タイミングとは!?

IT導入補助金

インボイス制度
対応への補助金

小規模事業者
持続化補助金

COLUMN　合同会社のデメリットも世につれアップデート!?

　これまで、合同会社のデメリットとされた要件も、時代の変化とともに様変わりしつつあるようです。

　合同会社のデメリットとしてよくいわれるのは、株式会社に比べて「知名度が低い」点でした。しかし、GAFAをはじめ合同会社を選択する有力企業も最近は目につきます。

　また、合同会社の設立件数も、本編でもたびたびふれたとおり、年々右肩上がりに増えており、もはやデメリットとはいえなくなっています。

　あえていうなら、「大規模な資金調達が難しい」点と、「株式市場に上場することができない」ということが、デメリットといえます。

　ただ、これに関しても、合同会社を設立したあと、事業が軌道に乗って株式会社にしたくなった場合には、いつでも株式会社へと組織変更ができます。したがって、上記のデメリットも、いまとなってはさほど気にしなくていいでしょう。

　もっとも、"合同会社＝知名度が低い"説には、別の効能もあります。この手の入門書・解説本の、新旧を測る尺度でもあるのです。版の古い本ほど"合同会社＝知名度が低い"説を採用していて、版を重ね売れ続けている本では、改訂の過程で「もう知名度のデメリットは消えた」との見方に、宗旨変えしています。後発の本書も見解は同じです。

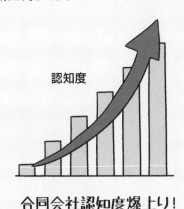

認知度

合同会社認知度爆上り！

ただし、「合同会社を知らない人への説明が大変」といった、これもよく聞く嘆き節は、まだまだ聞かれます。

　「昔の有限会社がいまの合同会社なんでしょ？」程度の認識が、いまだ世間では一般的ですが、そんな誤解は払拭してください。

　すでに合同会社を設立した先人、これから設立しようというフォロワー、あるいはこの本を手に取った読者の皆さまが、いわば"エバンジェリスト（伝道者）"となって、世の中をぜひ啓蒙していただきたいものです。

> アップルやアマゾン、グーグルのように、自由でスピーディな意思決定ができる合同会社の良さを、世の中に伝える「エバンジェリスト」として羽ばたいてほしい！

> あのアップルも、アマゾンも、グーグルも、日本法人は合同会社です。

設立後にするべきこと

まだある。税務署にも届出
外国人経営者が増えてるって本当⁉

・会社設立後も、やるべきことはこんなにある。
・印鑑証明書・登記事項証明書を取得。
・銀行口座も開設しないと始まらない。

印鑑証明書・登記事項証明書を取得する

印鑑証明書が発行されるには印鑑カードが必須。

 登記事項証明書は、会社が実在することを証明するもの

◇ 印鑑証明書を取得する

合同会社設立後にまずすべきこととしては、「印鑑証明書」「登記事項証明書」の取得があり、以下、預金口座の開設、税務署・市町村役場などへの届出書の作成➡提出と続きます。

●印鑑カード

印鑑証明書の交付を請求する際に提示するカード。国に届け出た法人にとっての正当な実印（代表印）の所持者であることを証明するものです。

●印鑑カードの取得

印鑑カードの取得に必要なものは、以下のとおりです。

・印鑑カード交付申請書
・会社実印
・返信封筒、切手（郵送で申請する場合）

印鑑カードは、管轄の法務局に「印鑑カード交付申請書」を提出すると無料で発行されます。申請時には、法務局に登録している印鑑を押印する必要があるので、必ず持参します。

●法人の印鑑証明とは

契約書などに法務局に届け出た法人の印鑑（実印）を押印し、その印鑑が法人のものであることについて、法務局から交付された印鑑登録証明書で証明すること。

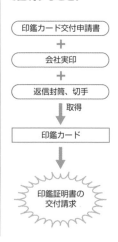

印鑑カード交付申請書
＋
会社実印
＋
返信封筒、切手
↓取得
印鑑カード
↓
印鑑証明書の交付請求

交付申請書の記載内容には、会社の「商号・名称」、「本店・主たる事務所の住所」などの基本情報と、押印も必要です。

印鑑カードの交付申請書の提出は、窓口へ申請する方法と郵送で申請する方法があり、郵送の場合は、返信用の封筒を同封する必要があります。

また、代表取締役等以外の代理人が、印鑑カードの交付申請を行う場合には、「委任状」の欄も記入、登記所に提出済みの印鑑を押印します。

● 印鑑証明書の取得

印鑑カードの交付後、印鑑証明書を取得します。法人の印鑑証明書は、書類に捺印した印鑑が正式な会社の代表印であることを証明する書類です。法人口座を開設する際や、不動産登記などで提出を求められます。

法務局で公印として使用する印鑑の届出を事前に行っている場合は、必要に応じて印鑑証明書を発行してもらうことができます。具体的な申し込み方法と必要な持ち物は以下のとおりです。

① 法務局の窓口で申し込む方法

窓口で入手できる会社法人用の申請書「印鑑証明書交付申請書」に必要事項を記入し、印鑑カードを添えて申し込み手続きを行います。

印鑑証明書の交付請求は、会社の代表者以外でも行うことができますが、印鑑提出者（通常は代表取締役社長など）の役職、氏名および生年月日の記入が必要です。

申請に必要な料金は1通あたり450円です。手数料の総額に相当する金額の収入印紙を購入し、申請書の指定欄に貼り付けて提出します。

● 法人の印鑑証明書を使用するタイミング
・金融機関で法人名義の口座を開設するときや資金を借り入れるとき
・不動産の登記申請や賃貸借契約を締結するとき

```
┌─────────────────┐
│ 法人の印鑑証明書の  │
│     利用目的      │
└─────────────────┘
   ┌─────────────────┐
   │ 金融機関で法人    │
   │ 名義の口座開設    │
   └─────────────────┘
   ┌─────────────────┐
   │   資金の借入れ    │
   └─────────────────┘
   ┌─────────────────┐
   │ 不動産の登記申請   │
   └─────────────────┘
   ┌─────────────────┐
   │ 賃貸借契約の締結   │
   └─────────────────┘
```

第8章　設立後にするべきこと

なお、法人の所在地に関係なく、全国の管轄法務局および地方法務局においても、印鑑証明書の交付請求が可能です。

②郵送で申し込む方法

法務局のホームページから、印鑑証明書交付申請書を印刷して手元に用意します。なお、申請書の様式は、PDFファイルまたはExcelファイルが用意されており、ダウンロードして利用できます。

必要事項を記入し、手数料相当分（1通450円）の収入印紙を指定箇所に貼り付けたあと、法務局宛ての封筒を用意して封入、郵便切手を貼り付けた返信用の封筒と印鑑カードも同封し、投函、発送します。

③オンライン（インターネット）経由で申し込む方法

オンラインで交付請求もできます。ただし、事前に専用のソフトウェア「申請用総合ソフト」のダウンロードと、規定に則った電子証明書の取得が必要です。

詳しくは、法務省のホームページ「オンラインによる印鑑証明書の請求」を参照してください。

https://www.moj.go.jp/MINJI/minji71.html#05

オンラインで印鑑証明書の発行請求した場合は、受け取り方法として郵送か窓口での受領を選択できます。

郵送の場合は、手数料が1通410円、窓口での受領の場合は、1通390円となり、いずれも直接法務局の窓口や郵送で依頼する場合よりリーズナブルです。

手数料の支払いには、電子納付に対応しているATMのほか、インターネットバンキング、モバイルバンキングも利用できます。

●法人の印鑑証明を取得する方法
・窓口で申請する
・証明書発行請求機で取得する
・郵送で請求する
・オンラインで申請する

▼申請用総合ソフトのページ

受け取り方法は
・郵送
・窓口での受領
を選択。

●登記事項証明書を取得する方法
・窓口で申請する
・郵送で請求する
・オンラインで申請する

◆ 申請書の作成が不要な印鑑証明書の取得方法

法務局によっては「証明書発行請求機」が設置してある窓口もあります。その窓口では、申請書の作成をすることなく、印鑑証明書を発行してもらうことができるので、急ぎの場合はおすすめです。

印鑑カードを機械に挿入し、印鑑提出者の生年月日などを入力するだけで、印鑑証明書の発行請求ができます。同一の証明書であれば、10通まで請求でき、合計20通までは機械を使って請求可能です。

そして法務局の窓口で、収入印紙による手数料の支払いと発行請求した印鑑証明書を受け取ります。

なお、「証明書発行請求機」が設置してある最寄りの登記所については、法務省のホームページ「証明書発行請求機設置場所一覧」でご確認ください。

https://www.moj.go.jp/content/000079870.pdf

法人の印鑑証明書が発行されるには印鑑カードが必須なので、会社設立後速やかに手続きしましょう。業務の進行スケジュールをにらみながら、郵送やインターネットでの請求などの手段を講じて、手際よく準備してください。

◆ 登記事項証明書を取得する

●登記事項証明書とは

その会社が実在することを証明する書類のことです。通常、登記簿謄本は、登記簿を法務局がコピーし認証したもののことを指します。登記簿には、不動産登記、商業登記、法人登記などの情報が記載されています。

▼証明書発行請求機の案内ページ

急ぎの場合に大助かり！
最寄りの登記所にGO！

さらに不動産登記の場合には、表示に関する登記、権利に関する登記。商業登記の場合には、商号登記、未成年者登記など。法人登記の場合には、株式会社登記、合同会社登記等々、それぞれの種類、目的により細分化されています。

登記簿謄本に記載されている情報としては、不動産登記の場合、土地の所在・地目・建物の所在・構造・床面積などが、法人登記には法人の名称、本店などの所在地、代表者の氏名、法人の目的のような基本的な情報が記載されています。

また、それぞれの登記事項証明書には、その必要な記載項目に応じて、全部事項証明書、一部事項証明書、代表者事項証明書などの種類に分かれています。

●登記簿と登記事項証明書の違い

登記簿謄本と登記事項証明書にはどのような違いがあるのでしょうか？

名称は違いますが、証明する内容などは同一です。登記簿はもともと紙で保管されていたため、登記簿が必要になるときには法務局に出向き、そのコピーを受け取る必要がありました。

しかし現在は、登記簿もデータとして保存されるようになり、実際に法務局に出向くことなく、ネット上で取得をすることができるようになりました。その取得した登記簿のデータのことを**登記事項証明書**と呼びます。

データとして管理をされるようになったため、現在でも一般的には登記簿謄本と呼ばれますが、法務局で発行される登記簿も登記簿謄本ではなく、登記事項証明書と呼びます。

●登記事項証明書の種類
・履歴事項証明書
・現在事項証明書
・閉鎖事項証明書
・代表者事項証明書

●登記簿と登記事項証明書は同じもの

登記簿
＝
登記簿謄本
＝
登記事項証明書

●どんなときに必要になるの？

　不動産登記に関する登記事項証明書は、確定申告で住宅ローン控除の申請を行う場合、不動産の売買などを行う場合、財産調査を行う場合などに必要になります。

　法人登記に関する登記事項証明書は、その法人が実在することを証明する場合、法人を相手にした訴訟を起こす場合などに用いられます。

●登記簿謄本の取り方

　登記簿謄本（登記事項証明書）に関する請求を行う場合には、請求する対象の土地や建物、請求対象の法人が本社を置く土地の管轄をしている登記所、もしくは、最寄りの登記所に対して必要事項の記載を行った請求書を提出することになります。

　それでは実際にどのような方法で請求を行うことになるのでしょうか？　登記所の窓口に提出する場合とオンライン上で提出する場合をみていきます。

①登記所の窓口に請求書を提出する場合

　まずは、登記所の窓口にて請求書を提出する場合の登記簿謄本の取り方をみていきます。本来は上記のように請求対象を管轄する登記所に対し、請求をすることになりますが、登記情報交換サービスにより、最寄りの登記所で請求をすることで、その請求したい土地や法人などに関する登記事項証明書を取得することができます。

　例えば、名古屋法務局の管轄下の土地の登記事項証明書に関して、東京法務局内の登記所で請求、受け取ることができるようになります。

　法務局の管轄に関しては法務局のホームページよりご確認ください。

●登記事項証明書を使用するタイミング
・決算申告
・銀行融資
・他社の情報取得
・相手方との重要な契約
・補助金申請

第8章　設立後にするべきこと

現在では、日本全国の土地や法人の登記事項証明書を、自分が住む最寄りの登記所で請求し、受け取ることができるようになった！

②オンライン上で請求する場合

　次にオンライン上で請求する場合の登記簿謄本の取り方をみていきます。オンライン上で請求をするためには、どこかの登記所に対して登記事項証明書の取得のためにかかる手数料を払うことで、登記事項証明書に関する請求をインターネットで行うことができるようになります。

　オンライン上で請求を行った登記事項証明書は、指定した登記所で受け取ることのほかに、指定した送付先への送付を受けることも可能となっています。

　なお登記事項証明書の発行を受けるためには、1通あたり600円が必要となります。

●登記・供託オンライン申請システム

　登記・供託オンライン申請システムは、申請・請求をインターネットまたは総合行政ネットワーク（LGWAN＊）、政府共通ネットワークを利用して行うシステム。

　2011（平成23）年2月14日から、法務省オンライン申請システムとは別のシステムとして運用を開始した。これを利用することにより、登記所などの窓口に出向くことなく、自宅やオフィスなどからインターネットまたはLGWAN・府共通ネットワークによる申請・請求が可能となった。

＊ LGWAN

　Local Government Wide Area Networkの略。「エルジーワン」と読む。

証明書はどこで入手するの？

銀行口座開設の落とし穴

高いハードル〜法人口座開設。審査落ちには何らかの原因がある。

 審査落ち要因トップは！？　審査通過のポイントは⁉

◇ 審査落ちの理由

　合同会社設立までせっかく無事こぎつけても、法人口座が開設できなければ、満足にビジネス展開できないという落とし穴にはまりかねません。

　法人口座開設にあたり、まず気にかけないといけないのは、審査の厳しさです。法人口座開設は非常に審査が厳しいことで知られており、個人口座のように誰でも支障なく口座開設できるわけではありません。

　個人口座開設に比べ、法人口座開設で審査が圧倒的に厳しいのは、投資詐欺や犯罪資金のマネーロンダリング（資金洗浄）で活用されるなど、法人口座の悪用による犯罪が多発していることを受け、銀行口座開設の段階で犯罪を未然に防ぐ目的から、審査が厳しくなってきているからです。

　また、合同会社で審査落ちになる理由としては、「ビジネス概要の説明があいまい、不明瞭」である点も挙げられます。金融機関が事業概要の説明を求めたのに対し、ホームページや事業概要説明書を見ても実施している内容がわかりにくければ、審査落ちになってもしかたありません。

●口座開設を拒否される理由

　銀行口座開設の拒否は違法にならない。未公開株・社債購入などにおける詐欺事件や不法な商行為が増え、銀行口座が悪用されるケースがあることから、犯罪対策の一環として銀行などの金融機関には「犯罪による収益の移転防止に関する法律」により取引時確認を行う義務が定められている。

その他、事業の目的がやたらと多過ぎたり、バーチャルオフィスであったり、固定電話やホームページがない、資本金の額が低い、事業の目的が適切でない場合など、銀行口座開設ができない要因は枚挙にいとまがありません。

たとえ審査に落ちても、そこでくじけず、他の銀行で口座開設の申請をするだけです。また、断られた銀行になぜ口座の開設が不可だったのか確認して、もしその理由を教えてくれた場合はそれをクリアしてから、他行に申し込みにいけば審査が通る確率は格段に上がります。

他行とは、審査基準が低い地方銀行やネット銀行のことです。法人登記している住所地にある地方銀行なら、地元の合同会社を受け入れてくれます。またネット銀行も、審査基準が低いので、受け入れられやすいといえます。

何はともあれ、銀行口座がないと合同会社として営業ができません。急場しのぎに、代表者個人の銀行口座を代用したところで、その先いつまでも個人の口座で営業するわけにもいきません。銀行口座がなければ法人用のクレジットカードも作れません。

審査を通しやすくする方策としては、個人口座をすでに持っている銀行から申し込みをする手もあります。すでに口座がある個人が法人の代表として、法人口座を作るのであれば、より審査が通りやすいといえます。

●法人口座開設に必要な書類

・会社の商業登記簿謄本（履歴事項全部証明書）

・会社の定款

・会社印

・会社の印鑑証明書

・代表者の印鑑証明書

●**法人口座開設、なくてもいい？**

　法人口座開設は任意で、個人名義の口座で取引を行っても違法ではない。事業の規模や内容によっては必要ない場合もある。

　しかし、実際のビジネスにおいては、法人口座を持っていないと、取引先から除外されたり融資を受けにくくなったりするなど、不利になる可能性は否定できない。

●**法人口座開設の審査を通しやすくする方法**

↓

法人口座の申し込み

すでに個人口座を持っている銀行を利用

↓

法人口座開設

・代表者の実印

・代表者の身分証明書

・その他、会社の運営実態がわかる資料

●会社の運営実態がわかる資料

営業許可書、営業登録書、開設許可証、開業証明書、代理店契約書、請負契約書など。

履歴事項全部証明書

履歴事項全部証明書

○○県○○市○○丁目○○番地○○号
○○合同会社

会社法人番号	○○○○－○○－○○○○○○
商号	○○合同会社
本店	○○県○○市○○一丁目１番地１号
公告をする方法	官報に掲載する方法により行う
会社成立の年月日	令和○年○月○日
目的	(1) ○○の企画、開発 (2) ○○製作販売 (3) 全各号に附帯関連する一切の事業
資本金の額	金○○万円
社員に関する事項	業務執行社員　中央太郎
	業務執行社員　杉並次郎
	業務執行社員　練馬三郎
	○○県○○市○○三丁目３番地３号
	代表社員　　中央太郎
登記記録に関する事項	設立　　令和○年○月○日登記

これは登記簿に記録されている閉鎖されていない事項の全部であることを証明した書面である。

令和○年○月△日
○○法務局出張所
登記官　　　　○○　○○

印

届け出る機関はどこ

提出先は主に法務局と税務署。

許認可事業は、法務局や税務署以外に提出先が増えるので、要注意

◇届出先

　合同会社設立に必要な書類の主な提出先は法務局や税務署ですが、労務関係書類は労働基準監督署やハローワークに提出することになります。また事業によっては、保健所などの許認可が必要な場合があります。これらの書類の提出機関と期限について紹介します。

　合同会社設立に必要な書類の提出先は、主に法務局と税務署になります。法務局には、合同会社設立登記に必要な書類一式（第5章参照）を提出します。

　税務署には、合同会社設立登記手続きとは別に、企業活動を行う上で発生した利益に対する税金を納税するため、法人設立届出書、青色申告の承認申請書などを提出します。これらの書式は税務署（国税庁）のホームページからダウンロードできるので、事前に準備するといいでしょう。

```
https://www.nta.go.jp/law/tsutatsu/kobetsu/
hojin/010705/pdf/001-1.pdf
https://www.nta.go.jp/law/tsutatsu/kobetsu/
hojin/010705/pdf/056-1.pdf
```

●ハローワークに提出する書類

　ハローワークに提出する書類2点（右ページ表参照）については
・従業員を雇用するまでは対応不要
・電子申請による届出も可能

▼法務局トップページ

　書類一式は、会社の本店所在地を管轄する税務署に提出します。会社を設立する地域を管轄する税務署は、国税庁のホームページで調べられます。

◇ 会社設立後の手続き

　登記が完了すれば会社は設立されますが、本店を置く都道府県税事務所や市町村役場に「法人設立届出書」の提出が必要です。

　年金事務所や労働基準監督署、公共職業安定所（ハローワーク）などへも、書類の提出が必要です。詳しくは、下記の一覧表を参照してください。

●税務署に申請する届出
　会社設立・開業時に税務署に申請しなければならない届出は多く、状況に応じて提出すべきか否か迷うケースも多いので、早い段階から税理士に相談するとよい。

法人設立届出書等の提出先と期限

提出先	提出書類	期限
都道府県税事務所または市町村役場	法人設立届出書	場所により異なります（東京15日以内、埼玉1か月以内）
年金事務所	健康保険・厚生年金保険新規適用届　健康保険・厚生年金保険被保険者資格取得届	会社設立から5日以内　雇用開始から5日以内
労働基準監督署	適用事業報告	労働者を使用するとき速やかに
	労働保険関係成立届	労働保険関係が成立した翌日から10日以内
	就業規則作成届	常時労働者10人以上使用するとき速やかに
	時間外労働・休日労働に関する協定届	時間外または休日に労働させようとする場合速やかに
公共職業安定所（ハローワーク）	雇用保険適用事業所設置届出	雇用保険適用事業所となった翌日から10日以内
	雇用保険被保険者資格取得届	資格取得日の属する月の翌月10日まで

第8章　設立後にするべきこと

◇ 許認可事業

　許認可が必要な事業は、法務局や税務署以外に提出先が加わるので、要注意です。

　飲食店や介護サービスといった許認可が必要な事業は、提出先が増えます。飲食店の場合、営業許可証を取得するため、申請書類を保健所に提出する必要があります。

　建設業も、各都道府県の関係部署に申請書類を提出する必要があります。事業に許認可が必要かどうか、必要な申請書類と提出先をよく確認しましょう。

　詳しくは、以下の一覧表を参照してください。

●許認可等申請窓口
　建設関連業種の都道府県と、飲食関連業種の保健所が双璧。次いで、何かと事件の舞台になりやすい業種（風俗営業など）の警察署。

業種別の許認可申請・届出先

業種（五十音順）	申請・届出先	受付窓口
飲食店	保健所長	保健所
医療法人	都道府県知事	保健所
医薬品製造・販売	都道府県知事	都道府県
運送業	国土交通大臣、運輸局長等	陸運局
介護サービス事業	都道府県知事または市町村長	都道府県または市町村
解体工事業	都道府県知事	都道府県
貸金業	財務局長または都道府県知事	都道府県
学校法人	文部科学大臣または都道府県知事	都道府県
ガソリンスタンド	経済産業大臣	都道府県
クリーニング業	都道府県知事	保健所
化粧品製造・販売	都道府県知事	都道府県
建設業	国土交通大臣または都道府県知事	都道府県
古物商（古本、リサイクルショップなど）	公安委員会	警察署
産業廃棄物収集運搬業	都道府県知事等	都道府県
質屋	公安委員会	警察署

業種（五十音順）	申請・届出先	受付窓口
社会福祉法人	厚生労働大臣または都道府県知事または市長	都道府県
酒類販売	税務署長	税務署
倉庫業	地方運輸局長	地方運輸局など
測量業	都道府県知事	地方整備局など
探偵業	公安委員会	都道府県
電気工事業	都道府県知事	都道府県
風俗営業	公安委員会	警察署
不動産仲介業（宅地建物取引業）	国土交通大臣または都道府県知事	都道府県
薬局	都道府県知事	保健所
旅館業	都道府県知事	保健所
旅行業	国土交通大臣または都道府県知事	都道府県
理・美容師	都道府県知事	保健所
労働派遣業	厚生労働大臣	公共職業安定所

第8章　設立後にするべきこと

会社設立に必要な書類の提出先

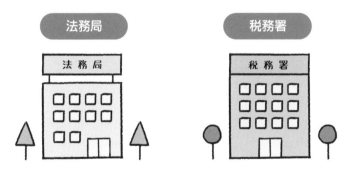

法務局

法務局

・認証済みの定款
・登記申請書　など

税務署

税務署

・法人設立届出書
・青色申告の承認申請書
　など

4

税務署に届け出る

会社運営のスタートは、税務署への届け出から。

 法人税はメリットが多い青色申告で申告！

◇ 合同会社設立後の届出書類

　会社設立が完了すると、いよいよ会社運営のスタートとなります。最初にやらなければならないことは、税務署への届け出です。これを怠ると青色申告ができなくなりますので、期限を守り確実に届け出ましょう。

・法人設立届出書

　法人税の納税対象となったことを届け出る手続きです。

・青色申告の承認申請書（本文198ページ参照）

　「法人税を青色申告で申告する」旨を届け出る手続きです。提出期限は設立後3か月以内ですが、初年度適用される提出期限に間に合わなかった場合は、「次の事業年度開始前まで」となります。

例：2023年2月1日設立、1月決算の場合

　➡初年度から適用する場合

　　2023年4月30日までに提出

　➡上記に間に合わなかった場合

　　2024年1月31日までに提出すれば、2024年2月1日開始の2年目から適用される

● 白色と青色の違い①

　白色申告は「簡易帳簿」というシンプルな会計方法で事務的な負担が少ないのが特徴。

　しかし、青色申告のように最大65万円の特別控除がない。

青色申告は、設立後3か月以内に申請すると初年度から適用される!!

●青色申告のメリット

・赤字（欠損金）が10年間繰り越せる

・赤字（欠損金）の繰り戻し還付も選べる

・中小企業は「少額減価償却資産の損金算入」ができる

●節税メリット
「最高65万円の青色申告特別控除が受けられる」メリットも。

提出書類の提出先と期限

提出先	提出書類	期限
税務署	法人設立届出書	会社設立後2か月以内
	給与支払事務所の開設届出書	会社設立後1か月以内
	青色申告の承認申請書	会社設立後3か月または第1期事業年度終了日のいずれか早い方の前日まで
	棚卸資産の評価方法の届出書	設立第1期の確定申告の提出期限の日
	有価証券の評価方法の届出書	有価証券取得日に属する事業年度の確定申告の提出期限日
都道府県税事務所	源泉徴収税の納期の特例の承認に関する申請書兼納期の特例適用者に係る納期限に関する届出書	特例を受けようとする月の前月末
	法人設立届出書	都道府県によって異なる（東京都は15日以内）
市町村の役所（東京23区はなし）	法人設立届出書	市町村によって異なる

青色申告は、赤字が10年間繰り越せ、最高65万円の特別控除の節税メリットがある！

◇ 青色申告と白色申告

　確定申告には青色申告と白色申告があります。その違いは確定申告に必要な、主に日々記帳する帳簿の違いです。確定申告では青色申告は複式簿記の記帳を必要としますが、所得税の特別控除を受けられるなど、様々な税法上のメリットがあります。

　一方、白色申告は簡易な記載の帳簿で申告できるので、起業したばかりの個人事業主が採用している場合が多いです。

　両者の違いをまとめたのが次ページの表です。

●白色と青色の違い②
　白色申告は青色申告のような事前の手続きが不要。記帳も簡易簿記を使用するため、青色申告に比べて簡単に確定申告を行うことが可能。

●青色申告のデメリット
　白色申告より手間がかかる。また書類の不備などがあれば許可が取り消される恐れもある。

青色申告

同じ売上の事業主でも

白色申告の事業者の場合　　　　青色申告の事業者の場合

帳簿は簡単で楽だけど、売上げても売上げても控除額が少ないから、やりくりが大変なのよ

帳簿は複式簿記だけど、今は会計ソフトが使えるから時間はかからないし、いろいろな控除があるから資金面でも助かっているよ

青色申告は、白色申告に比べて様々な控除が受けられ、圧倒的にメリットが多い!!

青色申告と白色申告の違い

	青色申告	白色申告
対象者	事業所得などがあり、青色申告の承認を受けた人	青色申告の承認を受けていない人
事前申請	開業届と青色申告承認申請書	必要なし
記帳方法	複式簿記	簡易な方法
確定申告で必要な書類	・確定申告書 B ・青色申告決算書	・確定申告書 B
必要な帳簿	主要簿 ・総勘定帳 ・仕訳帳 補助簿 ・現金出納帳 ・売掛帳 ・買掛長 ・固定資産台帳	・簡易な記載の台帳

出所：確定申告ソフフト「マネーフォワードクラウド確定申告」より一部改変

第8章　設立後にするべきこと

5 外国人経営者の台頭

「外国人社長」の潮流は、日本で着実に大きな流れに。

 ## 「外国人社長の合同会社」が遠くない将来 一定の勢力になるのは確実

◇ 外国人経営者の動向

最後に、"インバウンド経営版" ともいえる、外国人経営者の最新動向にもふれておきたいと思います。在留資格「経営・管理」で日本に在留する外国人経営者の推移を見ると、日本にいる外国人経営者数は着実に増加しているのがわかります（下表参照）。

● 在留資格「経営・管理」とは

就労系在留資格の1つ。日本で会社を設立し事業を起こす外国人起業家などが、その事業の経営または管理に従事する場合に取得しなければならないビザ。

日本在住の外国人経営者数

3万人弱！

経営管理ビザの推移

年	2014	2015	2016	2017	2018	2019	2020	2021	2022 6月末
総数*	15,184	18,109	21,877	24,033	25,670	27,249	27,235	27,197	29,385
増加率	12.5%	19.3%	20.8%	9.9%	6.8%	6.2%	—	—	8.0%
純増数*	1691	2925	3768	2156	1637	1579	△17	△38	2188

※コロナ禍は2019年末〜。2022年はコロナ禍による停滞の反動で激増傾向が顕著
＊単位：人

この数字は、在留資格「経営管理」で、経営者としての活動している人だけで、帰化して日本国籍を取得した人や永住者となった外国人（在留外国人全体の３割程度）、定住者、日本人または永住者の配偶者等の在留資格を取得した後に、日本で経営者として活動している外国人の人数は含まれていません。なので、実際はもっと多くの外国人経営者が存在すると考えられます。

「経営管理ビザの推移」を見ると、取得件数は合同会社設立件数をやや下回る程度で、外国人社長の潮流は、日本において着実に大きな流れになっています。

経営管理の在留資格の地域別構成（2019年6月時点）では、アジア地域が全体の9割を占めており、その中でも国籍別で中国が突出しています。中国人が、日本人より起業マインドが旺盛で、リスクを恐れない特性を持っているからとみられます。

会社形態別の統計はないので、内訳は不明ながら、設立する会社はほぼ株式会社とみられます。しかし、今後合同会社が増えるのは必至で、「外国人社長の合同会社」が、遠くない将来、一定の勢力になるのは間違いありません。

●経営・管理ビザの要件
①事業の「経営」または「管理」業務を行うこと
②事業が適正、かつ安定的・継続的に行われること
③事業所が存在すること（もしくは確保されていること）
④一定以上の事業規模があること
⑤「管理」業務に従事する場合、3年以上の経験があること
⑥「管理」業務に従事する場合、日本人と同等以上の報酬を受けること

●経営管理の在留資格の地域別構成

アジア地域
9割

その中でも国籍別では中国が突出!!

第8章　設立後にするべきこと

経営管理ビザ推移

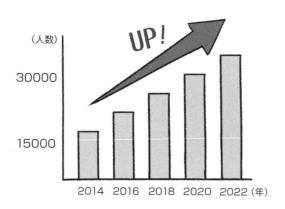

	事前申請	記帳	特別控除等
青色申告	×あり	×複式簿記	○あり
白色申告	○なし	○簡易	×

☞ 税法上のメリットが大きいので、青色申告に軍配。

COLUMN 中国人の起業家魂の秘密

　本編でもふれたように、中国人は日本人より起業マインドが旺盛で、リスクを恐れない特性を持っているようにみえます。

　中国人は、申請取次行政書士としての経験則でいうと、経営管理の在留資格取得に意欲的で、普通日本人なら"起業"となると腰が引けるところ、あくまで在留資格の選択肢の１つと割り切り、留学から経営管理へ、家族滞在から経営管理へ、と軽いフットワークでチャレンジするように感じます。まだ来日していないのに、日本にすでにいる親族や、縁戚、友人、知人など、あらゆるコネクションを駆使して、本人不在のまま株式会社を日本で先行して設立。設立登記後に来日して、経営管理ビザを申請～取得するという、離れ業～高難易度のケースも一度ならずもあります。

　会社設立が伴うので、資本金として500万円程度を準備する必要があるなど、決してハードルは低くはありません。まして、本人不在で会社設立する場合、本国中国から日本への送金も、一筋縄ではいきません。例えば、本国中国で、日本に親族がいる縁戚に500万円を託し、それを受けて、日本にいる親族が本人不在のまま同席で会社を設立するという、「青幇（チンパン）」の伝統をほうふつとさせる私的外国為替機能の存在に驚かされます。同胞コミュニティーの強い絆は、全世界に根を張る華僑社会にも通ずるものがあるように思われます。

日本人ならたじろぐであろう幾多の高いカベにもめげずに、彼らはコロナ禍をもものともせず果敢に乗り切り、2期、3期と会社経営を着実に持続しているのには、すなおに頭が下がります。

　在留資格取得件数でいえば、最近は中国人よりベトナム人の方が、申請取次の件数が実は個人的に多いのですが、こと経営管理取得となると、いまだに中国人が圧倒的に優勢なのが事実です。
　そして、そんな彼らが、株式会社に優る合同会社のメリットに気がついたら。いや、もうとっくに気が付いているかもしれませんが。

　なぜ中国人は、日本人より（あるいはベトナム人、他のアジア人より）"起業家魂"があるのだろうか？　彼らのたくましさの由縁は？

　その答えは、「華僑」「青幇」という漢民族に脈々と受け継がれる"DNA"に、秘密を解くカギがあるような気がします。

中国人起業家を支えるコミュニティネットワークと強い起業マインド

・同胞コミュニティ
・強い起業マインド
・経営管理志向
・青幇 (チンパン) の伝統

memo

フィンテック活用術

これもフィンテック〜クラウドファンディング
その活用術と成功のポイント

・金融最前線〜いまから役立つフィンテック。
・フィンテックの基礎知識・活用術。
・フィンテックが事業を加速する！

事業を加速するフィンテック

フィンテックサービスの3分類とは。

 キャッシュレスサービス、クラウドファンディングも
フィンテック

◆ フィンテック (FinTech) とは

仮想通貨や最新の金融サービスなどを指す**フィンテック**（**FinTech** *）には、クラウドファンディングなどすでに浸透しているお金に関するサービスも含まれ、事業を加速する上で極めて有効なソリューションです。

この章では、合同会社を含めた会社経営やお金の管理に役立つフィンテックサービスについて説明します。

フィンテックとは、ファイナンス（金融）にテクノロジー（技術）をかけ合わせた造語で、金融サービスと技術の融合によるソリューションを意味し、「金銭に関わる事務的な処理を最新の技術で解決する」ことを目指します。日本語では「金融IT」「金融テクノロジー」などと訳されることもあります。

◆ フィンテックサービスの3分類

フィンテックに分類される製品やサービスを技術面で分類すると、主に次の3つが挙げられます。

* FinTech
「Finance+Technology」の略語。

●フィンテック市場
フィンテック市場とは、従来の金融サービスと革新的な技術を組み合わせ、金融取引の方法を改善する金融技術産業のこと。2030年に約3115億米ドル（約44兆円）規模に達する見込み。

●フィンテックサービスの3分類

• API連携

API＊とは、2つ以上のソフトウェアやアプリケーションを接続し、一部機能を共有する仕組みです。

API連携とはAPIを活用したアプリケーション同士の連携のことです。API連携を利用することで、システムやサービスのアプリケーションを0から開発する必要がなく、簡単に他のサービスと連携し、サービスを拡張することができます。

＊ API
Application Programming Interface の略。

• ブロックチェーン

ブロックチェーンとは、取引履歴を1本の鎖のようにつなげ、データを正確に維持するための高度暗号化技術。暗号資産（仮想通貨）の流通・利用で基盤となる技術で、ビットコインを実現するために2008年に考案され、仮想通貨からエンターテインメント分野、一般の物流などに活用範囲を拡げています。

●ブロックチェーンの市場規模
世界のブロックチェーン関連技術の市場規模は2021年度で61億米ドル（約8600億円）に達し、2022年から2030年にかけて62.4%以上の年平均成長率で成長すると予想され、今後もさらに市場規模の拡大が期待されている。

第9章　フィンテック活用術

ブロックチェーンによる処理システム

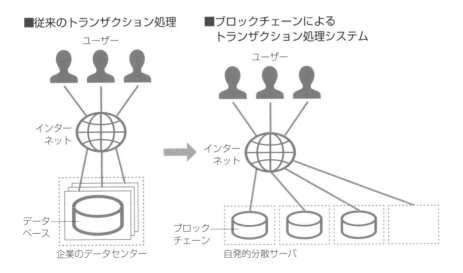

■従来のトランザクション処理
ユーザー
インターネット
データベース
企業のデータセンター

■ブロックチェーンによるトランザクション処理システム
ユーザー
インターネット
ブロックチェーン
自発的分散サーバ

いまでは、専門知識がなくても、ブロックチェーンを使えるサービスが登場し、より利用しやすくなりました。

• AI

AI＊とは、人工知能ともいいますが、人間の知能や行動をコンピュータプログラムで再現した技術や製品の総称です。自律的に判断する高度な知能へと進化しつつあります。

起業後に有効とされるAIを活用したフィンテック領域は、経理、受発注管理、帳票発行、決済代行、送金代行サービスなどが挙げられます。

◇ キャッシュレスサービス

政府の強い後押しを受け、キャッシュレス化の波が日本に押し寄せています。キャッシュレスの決済サービスも、もちろんフィンテックに含まれます。

経済産業省が発表したキャッシュレス決済の決済方法の利用率をまとめたデータによりますと、キャッシュレス決済の利用率は2021年に3割を超えています。

これまで、「クレジットカードは手数料も高いし、IC決済も設備にお金がかかる。事業立ち上げ直後の導入はハードルが高い」というイメージが強かったキャッシュレス化ですが、最近では事業の規模を問わず導入しやすいサービスが増えてきました。

各社、カバーしている範囲に違いがあるので、すべてを1つのサービスに集約するよりも、複数のサービスを併用して、多種の決済手段に対応すると事業を有利に進めやすくなりそうです。

● AIの市場規模

世界のAIに関連するソフトウェアの市場規模は、2021年の売上高3827億円から2022年には前年比55.7％増の5957億円まで成長すると見込まれている。

＊ AI

Artificial Intelligenceの略。

AI活用のフィンテック領域

- 経理
- 受発注管理
- 帳票発行
- 決済代行
- 送金代行サービス

キャッシュレス支払額および決済比率の推移

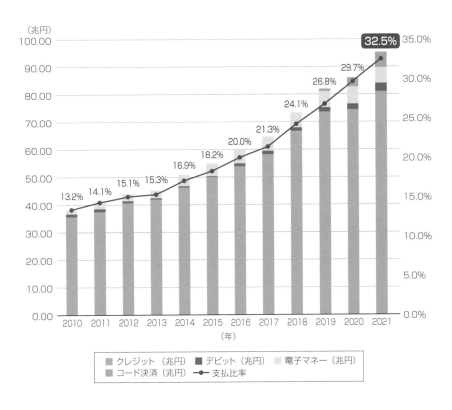

第9章 フィンテック活用術

●各決済ツール比較

いわゆるスマホ決済（モバイル決済）には、PayPayのようなQRコード／バーコード決済の他、Square（スクエア）のようなカード決済端末も含まれます。

前者は、スマホのアプリを使ってQRコードを使って決済を行う方法で、後者はスマートフォンに専用機器を接続してクレジットカードや電子マネーで決済を行う方法です。

詳しくは、以下の一覧表を参照してください。

●モバイル決済市場

世界のモバイル決済市場規模は、2022年に2兆3200億米ドル（約327兆円）と評価され、2023年の2兆9800億米ドル（約420兆円）から2030年までに18兆8400億米ドル（約2650兆円）に成長すると予測されている。

カード系と QR コード系の決済ツール

カード決済端末の大手4社	QR コード決済系の大手6社
・Square（スクエア） ・Air ペイ（エアペイ） ・STORES 決済（ストアーズ決済） ・楽天ペイ	・PayPay（ペイペイ） ・LINE Pay（ライン ペイ） ・メルペイ ・楽天ペイ ・au PAY（エーユー ペイ） ・d 払い（ディー払い）

急拡大している、QRコード決済系の大手6社の初期費用・月額費用は、PayPayが1980円、LINEPay、メルペイ、楽天ペイ、auPAY、d払いが無料。手数料は、PayPayが1.60％ないし1.98％、LINEPayが3.45％ないし5.5％、メルペイが2.60％、楽天ペイが3.24％〜、auPAY、d払いが2.60％〜となっています。

なお、今後PayPayとLINEPayの連携や統合が進むので、どのQRコード決済を導入するか迷っている事業者は、圧倒的に利用率が高いPayPayを導入すれば間違いないでしょう。直近のPayPayの登録ユーザーが5500万人（2023年2月6日時点）を突破したことがリリースされており、もはや日本の決済インフラの1つとして定着しつつあるのが読み取れます。

✦ トランザクションレンディング

トランザクションレンディングとは、従来の財務情報を基に融資条件を設定するのではなく、日々の取引データなどを基に融資条件を設定するというもので、法人向けの新たな資金調達手段として、取引履歴をもとに信用を評価して融資を実行します。

金融機関などによる融資に比べて、短い期間でスピーディーに小口の資金を調達できる手段として注目を集めています。

以上、フィンテックツールの活用は、これから事業を行う上で避けて通れません。起業〜事業運営する中で、真に役立つツールの情報を収集し、実際に使ってみるなどして、課題解決や事業の加速に役立ててください。

● トランザクションレンディングを取り扱っている代表的な事業者
・Amazon レンディング
・事業性融資 dayta(住信ＳＢＩネット銀行)
・楽天スーパービジネスローンエクスプレス
・GMO イプシロントランザクションレンディング

第9章 フィンテック活用術

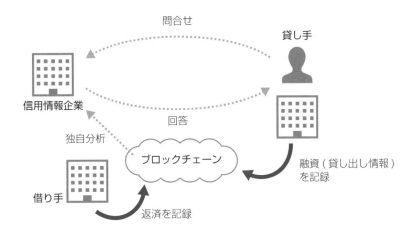

フィンテック

問合せ

貸し手

信用情報企業

回答

独自分析

ブロックチェーン

借り手

返済を記録

融資 (貸し出し情報) を記録

クラウドファンディング活用術

資金調達手段としてのクラウドファンディング。

 ## クラウドファンディングを利用した資金調達の流れや、メリット、デメリットとは

◇ クラウドファンディングとは

　合同会社をはじめ起業するための資金調達手段の１つとして、クラウドファンディングを選択するケースが増えています。クラウドファンディングを利用した資金調達の流れや、メリット、デメリットについて、具体的に説明します。

　インターネットを介して、不特定多数の支援者から少額の資金を調達する方法です。もちろん、起業するときの資金調達手段としても有効です。

　クラウドファンディングを活用した資金調達は、次の流れで進めます。

・プロジェクトの計画を立てて目標金額を決定する
・クラウドファンディングサイトを選ぶ
・プロジェクトを立ち上げ宣伝する
・資金調達後にプロジェクトを遂行する
・支援者にお礼・リターンをする

●クラウドファンディングと銀行融資の違い

　クラウドファンディングはこれから始まるプロジェクトへの出資のため、出資側のハードルも低く資金調達がしやすい。

　一方、銀行融資は、民間の銀行がリスクを負ってお金を貸し出すため、いままでの実績や提示できる数字がなければ融資を受けることは非常に難しい。

●クラウドファンディングの語源

　クラウドファンディングは、「クラウド(crowd：群衆)」と「ファンディング(funding：資金調達)の造語。よく「クラウドコンピューティング」のクラウドと混同されやすいが、こちらは「クラウド(「cloud：雲」)なので、間違えないように注意しよう。

✧「投資」「非投資」の２タイプ

クラウドファンディングは、大きく分けて投資タイプと非投資タイプの２つに分かれます。違いはリターン（クラウドファンディングに参加したことによる見返り）が金銭であるかどうかです。投資タイプは金銭でのリターンが担保されているのに対し、非投資タイプは金銭でのリターンは保証されておらず、代わりに商品やサービスなどによるリターンとなります。

●投資タイプにおける３分類

投資家に対して、「金銭」によるリターンが担保されている「投資タイプ」ですが、さらに「株式投資型」「融資型」「ファンド型」の３つに分類されます。それぞれの特徴を説明します。

• 株式投資型

投資家が未上場企業の株に投資して、そのリターンとしてその企業の株を受け取れます。これにより、投資家はインターネットを通して、未公開株への投資が可能になりました。ただし、合同会社には該当しません。

企業は、クラウドファンディングサイトに手数料を払う代わりに、クラウドファンディングで資金調達する機会が得られます。投資家は未上場のスタートアップ企業などを支援でき、上場まで漕ぎつければ大きなリターンが期待できます。

ただ未上場企業の株式は、自由に売買ができないため、すぐにはリターンが得られない上、ハイリスクでリターンがまったくない可能性もあるので、リターンを期待しなくてもいい余裕資金で投資を行いましょう。

●株式投資型クラウドファンディング
日本ではあまり定着していない株式投資型クラウドファンディングだが、欧米ではスタンダードな資金調達方法として市場に定着している。

第9章 フィンテック活用術

株式投資型クラウドファンディングにチャレンジする企業は、そもそも時代のニーズに合ったサービスや先端的な商品を展開するベンチャー企業が多いので、投資にはリスクマネジメントが欠かせません。

・融資型（ソーシャルレンディング）

不特定多数の投資家から資金を募り、企業に融資として資金提供するクラウドファンディングです。企業はクラウドファンディングサイトに利用手数料と事業成績に応じた分配金を支払います。

融資とは、企業に対して利子と元本の返済を条件に資金を貸し出すもので、投資家への見返りは返済元利金の一部を分配します。ただ、企業業績によっては利息を受け取れなかったり元本が返済されなかったりするリスクもあるので、注意が必要です。

・ファンド型

企業が行っている事業に、不特定多数の投資家から募った資金を投資して、事業成果に応じて投資家が配当金を受け取るクラウドファンディングです。

リターンは、投資家特典となるサービスや商品の提供と、資金調達によって実現した売上の一部を分配する形で、企業ではなく、企業の事業に資金提供するのが特徴です。投資対象のファンドには多種多様なタイプがあり、選択の幅が広いことから、投資家から人気を集めています。

また、ファンドの詳細情報が公開されているので、投資判断をしやすいというメリットもあります。

●ソーシャルレンディング

ソーシャルレンディングのグローバルの市場規模は2019年には680億ドル（約9兆6000億円）となっており、2020年から2027年の年平均成長率は30%と予測されている。

●今後の合同会社に必要なもの

投資タイプによる３分類

■株式投資型

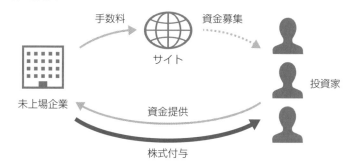

手数料　資金募集

サイト

未上場企業　　資金提供　　　投資家

株式付与

■融資型

手数料
分配金　資金募集

サイト

企業　　　融資　　　投資家

リターン（元本＋利息）

■ファンド型

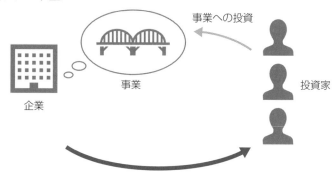

事業への投資

事業

企業　　　　投資家

リターン（事業成果による配当金やサービス・商品など）

●非投資タイプにおける2分類

　一方、非投資タイプは「寄付型」「購入型」の2つに分類されます。

• 寄付型

　寄付型クラウドファンディングとは、募金・寄付などによる支援を募る個人や団体のプロジェクトに対し、インターネットを通じ、支援者が見返りを求めない寄付として資金提供する資金調達方法のことです。従来の方法では資金調達しにくかった収益の出にくい慈善活動のようなプロジェクトが多いのが特色です。

　資金提供を受けた事業者は、その資金を元に、例えば以下のような社会貢献となる事業を実施します。

・SDGs取り組み

・途上国農業開発

・動物愛護活動

・被災地支援

・難病治療薬・治療法開発

　支援者の資金提供の目的は、「事業への資金提供を通して社会をより良くすること」なので、見返りがなくても、満足感や充実感が得られるのも、特色といえるでしょう。

　支援者からの共感や問題意識をいかに盛り上げるかが、資金調達成功の鍵といえます。ただし、リターンはなくても、確定申告で寄付金控除を受けられる場合もあります。

• 購入型

　購入型クラウドファンディングは、起案者が商品・サービス開発のための資金を募り、支援者から資金提供を受ける仕組みです。支援者は、事業で開発した商品・サービスを、資金提供の見返りとして受け取ります。

●寄付型クラウドファンディングの税金

　寄付型クラウドファンディングの資金提供者は、支出をしただけなので税金はかからず確定申告は不要。法人も一定の範囲内で損金に算入できる。

寄付型クラウドファンディングは、社会貢献ができて確定申告で寄付金控除を受けられる!!

支援者

支援者は、クラウドファンディングサイトに掲載されている商品や事業内容から、資金提供する事業を選びます。商品・サービスの提供が始まる前に、特別割引価格で事前購入できることも、人気の理由です。

購入型クラウドファンディングの事業分野は幅広く、例えば以下のようなものがあります。

・映画
・エンターテインメント
・アート
・ファッション
・グルメ
・フィットネス

◇ クラウドファンディングの将来性

世界のクラウドファンディング市場は、コロナ禍の逆風にさらされながらも力強く成長し、今後も市場は着実に拡大すると予想されています。

中でも投資型クラウドファンディングは、時代のニーズやプロジェクトの理念に対する将来性などを先取りしながら、投資成果を目指すもので、さらなる拡大・発展が見込まれます。

政府が2013年に打ち出した「日本再興戦略」には、「クラウドファンディングなどを通じた資金調達の枠組みについて検討する」という内容が盛り込まれており、それから10年を経て、今後クラウドファンディングを通じた経済の一層の活性化が大いに期待されています。

● **購入型クラウドファンディングの税金**

購入型クラウドファンディングの資金提供者は、支出をしただけなので税金は発生しない。ただし、個人の業務や事業に関係する支出であれば雑所得や事業所得などの必要経費に算入できる。法人は事業に関係する支出であれば損金となる。

合同会社が将来にわたって頼りにしているクラウドファンディングは、今後もさらなる拡大・発展が見込まれている!!

合同会社

✧ まとめ

「投資タイプ」「非投資タイプ」いずれであれ、投資した元本は決して保証されるものではありません。これは、投資家、資金調達のため投資家の出資を募る事業家の双方とも、改めて肝に銘じておく必要があります。

投資家は、個々のクラウドファンディングの特徴をよく理解した上で、目的に応じたクラウドファンディング選びをしてください。

一方、事業家も、支援者のニーズに応えられると、より多くの資金調達を得られる可能性が増します。

● クラウドファンディングの税金

クラウドファンディングでの資金提供の際には、基本的に税金は発生しない。

ただし、提供した資金に分配金が発生した場合には課税されることがある。

クラウドファンディングはいくつかの型に分かれており、中には分配金、利子が付く融資や出資のようなタイプもあり、これらについては注意が必要。

非投資タイプの2分類と投資タイプの比較

	資金調達スピード	集客	リスク
購入型	×半年近くかかることも	○集まりやすい	○低い
寄付型	○	×集めにくい	○軽負担
投資タイプ	○	○	×貸し倒れリスクあり

☞ それぞれ目的が異なるので、単純には比較できません。

クラウドファンディングの成功ポイントとは？

　日本のクラウドファンディングで、華々しい成功事例として語り継がれるのが、2016年11月に公開された片渕須直監督のアニメーション映画「この世界の片隅に」です。

　購入型クラウドファンディングで支援者を募集し、当初は目標額として2000万円を設定。当時ではスケールの大きな額で、クラウドファンディングサイトも「正直、相当かなり高いハードル」と達成を危ぶんでいました。しかし、サポーターの熱い支援の輪が拡がり、最終的に3374人から3900万円を集め、制作、公開まで漕ぎつけました。はじめは、ミニシアターでの上映がメインだったそうですが、SNSでの口コミが拡散して全国公開まで発展し、興行収入は27億円まで到達しました。

　購入型クラウドファンディングでの成功の裏には、サポーターが「この世界の片隅に」の制作サイドに加われる独自の"リターン"が功を奏したことも手伝い、完成した作品のエンドロールには2000人以上の名前がずらりと並び圧巻でした。

　ニッポン放送の人気アナウンサー・吉田尚記氏による「かっこいいラジオが欲しい」という一言をきっかけに、ラジオプレーヤー「Hint（ヒント）」の開発が、2016年にクラウドファンディングサイトを通じて行われました。「Hint」は、ニッポン放送、Cerevo、グッドスマイルカンパニーと、分野の異なる3社のコラボレーションにより、まったく新しいラジオの形として誕生。円柱型のスタイリッシュなデザインで、全方向360度に音が届くようになっているのが特徴です。

　クラウドファンディング限定デザインを準備して、支援者の人気を集めたことによって目標金額1300万円のところ、3045万円の資金調達に成功しています。

クラウドファンディングで資金調達を成功させるには、事業ごとの魅力を伝え、支援の輪を拡げなければなりません。成功するポイントには、次のような共通点があります。

・目標を明確にする
・情報発信で支援者の共感を得る
・綿密な事業計画
・魅力的なリターンを準備する
・魅力的なプロジェクトページを作る

　起業成功へのポイントと、さほど変わらないのがわかります。
　すなわち、クラウドファンディングで資金調達もできないようなら、そもそも起業もムリ、という厳しい現実が見て取れます。
　その意味で、クラウドファンディングでの資金調達は、起業成功の試金石ともいえそうです。

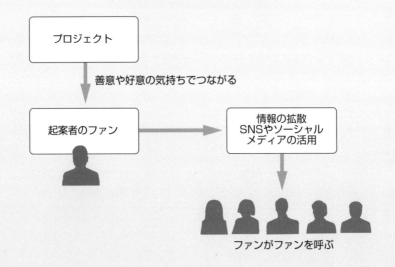

プロジェクト情報の拡散

プロジェクト

善意や好意の気持ちでつながる

起案者のファン

情報の拡散
SNSやソーシャル
メディアの活用

ファンがファンを呼ぶ

巻末資料編

　巻末資料には、登記申請書と添付書類の様式と記入例のほか、チェックシートがあります。そのほか、登記後の運営に関する書面サンプルも用意してあります。いずれの書面も、ダウンロードしてそのまま申請書類として使用できます。本書のダウンロードサービスをご利用ください。

●申請する前の準備時
・合同会社設立チェックシートと記載例

●登記申請時
・社員2名以上で合同会社を設立する場合の定款記載例
・法人が代表社員で合同会社を設立する場合の定款記載例
・印鑑（改印）届書
・合同会社の代表者本人が届け出る場合の印鑑（改印）届書記載例

●登記後
・法人設立届出書と記載例
・給与支払事務所等の開設届出書と記載例
・源泉所得税の納期の特例の承認に関する申請書と記載例
・青色申告の承認申請書と記載例
・減価償却資産の償却方法の届出書と記載例

合同会社設立チェックシート

※次ページの記入例を参考にして、ダウンロードした書面に記入しましょう。また、上の欄に氏名や住所などを記入したあと、下の欄で添付書面が揃っているかチェックしましょう。

	項目	記載欄	
基本事項の決定	商号		
	本店住所		
	事業目的		
	事業年度		
	資本金総額		
	社員①	氏名	
		住所	
		出資額	
	社員②	氏名	
		住所	
		出資額	
	社員③	氏名	
		住所	
		出資額	
	社員④	氏名	
		住所	
		出資額	
	業務執行社員	1 氏名	
		2 氏名	
		3 氏名	
	代表社員	氏名	

添付書面チェック欄	□ 登記申請書（□ 別紙 or 添付 CD）	□ 印鑑証明書
	□ 定款（□ 決定書）	□ 通帳コピー
	□ 就任承諾書	
	□ 払込を証する書面	
	□ 印鑑届書	

	項目	記載欄		
基本事項の決定	商号	○○合同会社		記入例
	本店住所	○○県○○市○○一丁目1番1号		
	事業目的	○○の企画、開発		
		○○の製造、販売		
		全各号に付帯関連する一切の事業		
	事業年度	毎年○月○日から翌年の○月○日まで		
	資本金総額	○○万円		
	社員①	氏名	中央太郎	
		住所	○○県○○市○○二丁目2番2号	
		出資額	○○万円	
	社員②	氏名	杉並次郎	
		住所	○○県○○市○○三丁目3番3号	
		出資額	○○万円	
	社員③	氏名	練馬三郎	
		住所	○○県○○市○○五丁目5番5号	
		出資額	○○万円	
	社員④	氏名	文京五郎	
		住所	○○県○○市○○六丁目6番6号	
		出資額	○○万円	
	業務執行社員	1 氏名	中央太郎	
		2 氏名	杉並次郎	
		3 氏名	練馬三郎	
	代表社員	氏名	中央太郎	

添付書面チェック欄	☑ 登記申請書（☑ 別紙 or 添付 CD）	☑ 印鑑証明書	チェック欄
	☑ 定款（☑ 決定書）	☑ 通帳コピー	
	☑ 就任承諾書		
	☑ 払込を証する書面		
	☑ 印鑑届書		

○○合同会社　定　款

第1章　総則

第1条（商号）

当会社は、○○合同会社と称する。

第2条（目的）

当会社の目的は、以下の事業を営むことを目的とする。

1. ○○の企画、開発
2. ○○の製造、販売
3. 前各号に附帯関連する一切の事業

第3条（本店の所在地）

当会社は、本店を○○県○○市△△一丁目1番1号に置く。

第4条（公告の方法）

当会社の公告は、官報に掲載する方法により行う。

> 合同会社の公告方法は、(1) 官報に掲載する、(2) 時事に関する事項を掲載する日刊新聞紙に掲載する、(3) 電子公告のいずれかを定款で定めるが、定款に記載されていない場合は「官報に掲載する方法」となる。

第2章　社員及び出資

第5条（社員の氏名、住所及び出資）

社員の氏名、住所及び出資の価額並びに責任は次のとおりである。

○○県○○市△△二丁目2番2号

有限責任社員　中央太郎　金○○万円

○○県○○市△△三丁目3番3号

有限責任社員　杉並次郎　金○○万円

第6条（持分の譲渡）

社員は、他の社員の全員の承諾がなければ、その持分の全部又は一部を他人に譲渡することができない。

ただし、定款で別段の定めをすることができる。

第7条（社員の相続及び合併）

社員が死亡し又は合併により消滅した場合には、その相続人その他の一般継承人は、他の社員の承諾を得て、持分を承継して社員となることができる。

※書面のアミカケ部分は空欄となっていますので、この記載例を参考に記入してください。

第3章　業務の執行及び会社の代表

第8条（業務執行社員）

　　1. 当会社の業務は、業務を執行する社員が決定する。

　　2. 当会社の業務を執行する社員は、中央太郎、杉並次郎とする。

> 業務執行社員について、任期の定めを設けることもできる。

第9条（代表社員）

　当会社を代表する社員は、中央太郎とする。

第10条（報酬）

　業務執行社員の報酬は、社員過半数の決議を持って定める。

第4章　社員の入社及び退社

第11条（入社）

　新たな社員を入社させるには、社員の全員の同意を得なければならない。

第12条（退社）

　いずれの社員も、6か月前までに当会社に対して、予告をすることによって、事業年度の終了の時において、退社することができる。

　2 前項の規定にかかわらず、いずれの社員も、やむを得ない事由があるときは、いつでも退社することができる。

> 事業年度は限度として1年を超えることができない。また、決算日が12月31日で日付を表記する場合は年をまたがないので「翌年」は記載しない。

第5章　計算

第13条（事業年度）

　当会社の事業年度は、毎年○月1日から（翌年）○月末日までとする。

第7章　附則

第14条（最初の事業年度）

　当会社の最初の事業年度は、設立の日から令和○年○月○日までとする。

第15条（定款に定めのない事項）

　この定款に規定のない事項は、すべて会社法その他の法令の定めるところによる。

以上、○○合同会社設立のためこの定款を作成し、社員が次に記名押印する。

令和○年○○月○○日

　　　　　　　有限責任社員　中央太郎（実印）

　　　　　　　有限責任社員　杉並次郎（実印）

> 合同会社の位置は名称の前後どちらでもかまわない。

○○合同会社定款

第1章 総則

第1条（商号）

　当会社は、○○合同会社と称する。

第2条（目的）

　当会社の目的は、以下の事業を営むことを目的とする。

　　1. ○○の企画、開発

　　2. ○○の製造、販売

　　3. 前各号に附帯関連する一切の事業

第3条（本店の所在地）

　当会社は、本店を○○県○○市△△一丁目1番1号に置く。

> 定款に定める本店の所在地は最小行政区画（市町村、東京都の特別区、政令都市の場合は市）までで構わない。ただし、本店所在地決定書を作成する必要がある。

第4条（公告の方法）

　当会社の公告は、官報に掲載する方法により行う。

第2章 社員及び出資

第5条（社員の氏名、住所、出資及び責任）

　社員の氏名、住所及び出資の価額並びに責任は次のとおりである。

　　　　○○県○○市△△二丁目2番2号

　　　　有限責任社員　法務商事株式会社　金○○万円

　　　　○○県○○市△△三丁目3番3号

　　　　有限責任社員　杉並次郎　金○○万円

　　　　○○県○○市△△五丁目5番5号

　　　　有限責任社員　練馬三郎　金○○万円

第6条（持分の譲渡）

　社員は、他の社員の全員の承諾がなければ、その持分の全部又は一部を他人に譲渡することができない。

　ただし、定款で別段の定めをすることができる。

第7条（社員の相続及び合併）

　社員が死亡し又は合併により消滅した場合には、その相続人その他の一般継承人は、他の社員の承諾を得て、持分を承継して社員となることができる。

第3章　業務の執行及び会社の代表

第8条（業務執行社員）

  1. 当会社の業務は、業務を執行する社員が決定する。

  2. 当会社の業務を執行する社員は、株式会社法務商事、杉並次郎、練馬三郎とする。

第9条（代表社員）

  当会社を代表する社員は、株式会社法務商事とする。

> 業務執行社員について、任期の定めを設けることもできる。

第10条（報酬）

  業務執行社員の報酬は、社員過半数の決議を持って定める。

第4章　社員の入社及び退社

第11条（入社）

  新たな社員を入社させるには、社員の全員の同意を得なければならない。

第12条（退社）

  いずれの社員も、6か月前までに当会社に対して、予告をすることによって、事業年度の終了の時において、退社することができる。

  2 前項の規定にかかわらず、いずれの社員も、やむを得ない事由があるときは、いつでも退社することができる。

第5章　計算

第13条（事業年度）

  当会社の事業年度は、毎年○月1日から（翌年）○月末日までとする。

第7章　附則

第14条（最初の事業年度）

  当会社の最初の事業年度は、設立の日から令和○年○月○日までとする。

第15条（定款に定めのない事項）

  この定款に規定のない事項は、すべて会社法その他の法令の定めるところによる。

以上、○○合同会社設立のためこの定款を作成し、社員が次に記名押印する。

令和○年○○月○○日

      有限責任社員　　株式会社法務商事

      代表取締役　　　法務一郎（実印）

      有限責任社員　　杉並次郎（実印）

      有限責任社員　　練馬三郎（実印）

> 事業年度は限度として1年を超えることができない。また、決算日が12月31日で日付を表記する場合は年をまたがないので「翌年」は記載しない。

印 鑑 （ 改 印 ） 届 書

※ 太枠の中に書いてください。

（地方）法務局　　　　支局・出張所　　　　年　月　日　届出

（注1）(届出印は鮮明に押印してください。)	商号・名称	
	本店・主たる事務所	
印鑑提出者	資　格	代表取締役・取締役・代表理事 理事・（　　　　　　　　　）
	氏　名	
	生年月日	大・昭・平・西暦　　年　　月　　日生
（注2）□ 印鑑カードは引き継がない。 □ 印鑑カードを引き継ぐ。 印鑑カード番号 _____	会社法人等番号	

前　任　者

届出人（注3）　　□ 印鑑提出者本人　　□ 代理人

（注3）の印
（市区町村に登録した印）
※　代理人は押印不要

住　所	
フリガナ 氏　名	

委　任　状

私は、(住所)

　　　(氏名)

を代理人と定め、□印鑑(改印)の届出、□添付書面の原本還付請求及び受領
の権限を委任します。

　　　　　　　　年　　月　　日

住　所

氏　名　　　　　　　　　　　　　　　印

（注3）の印
市区町村に
登録した印鑑

□　市区町村長作成の印鑑証明書は，登記申請書に添付のものを援用する。（注4）

（注1）　印鑑の大きさは，辺の長さが1cmを超え，3cm以内の正方形の中に収まるものでなければなりません。

（注2）　印鑑カードを前任者から引き継ぐことができます。該当する□にレ印をつけ，カードを引き継いだ場合には，その印鑑カードの番号・前任者の氏名を記載してください。

（注3）　本人が届け出るときは，本人の住所・氏名を記載し，**市区町村に登録済みの印鑑**を押印してください。代理人が届け出るときは，代理人の住所・氏名を記載（押印不要）し，委任状に所要事項を記載し（該当する□にはレ印をつける），本人が**市区町村に登録済みの印鑑**を押印してください。なお，本人の住所・氏名が登記簿上の代表者の住所・氏名と一致しない場合には，代表者の住所又は氏名の変更の登記をする必要があります。

（注4）　この届書には作成後3か月以内の**本人の印鑑証明書**を添付してください。登記申請書に添付した印鑑証明書を援用する場合（登記の申請と同時に印鑑を届け出た場合に限る。）は，□にレ印をつけてください。

印鑑処理年月日					
印鑑処理番号	受　付	調　査	入　力	校　合	

（乙号・8）

※ダウンロードした書面はそのまま「印鑑（改印）届書」として使用できますが、自治体等により書式が異なる
　場合もありますので、事前に記載内容をご確認の上、ご使用ください。

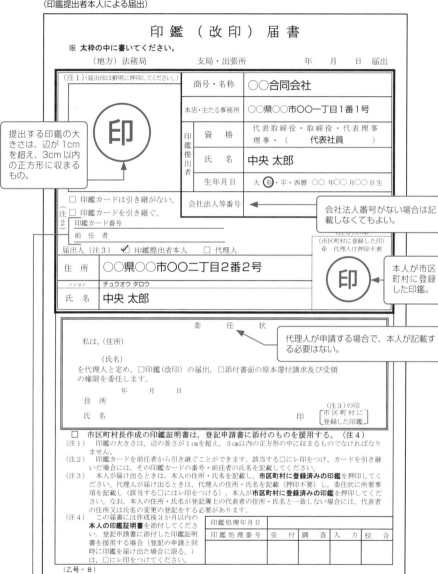

（印鑑提出者本人による届出）

印鑑（改印）届書

※ 太枠の中に書いてください。

（地方）法務局　　　支局・出張所　　　年　月　日　届出

商号・名称	○○合同会社
本店・主たる事務所	○○県○○市○○一丁目1番1号

印鑑提出者

資格	代表取締役・取締役・代表理事 理事・（　代表社員　）
氏名	中央 太郎
生年月日	大・昭・平・西暦 ○○年○○月○○日生

会社法人等番号

（注1）（届出印は鮮明に押印してください。）

印

提出する印鑑の大きさは、辺が1cmを超え、3cm以内の正方形に収まるもの。

会社法人番号がない場合は記載しなくてもよい。

□ 印鑑カードは引き継がない。
（注2）□ 印鑑カードは引き継ぐ。
印鑑カード番号
前任者

届出人（注3）　☑ 印鑑提出者本人　　□ 代理人

住所　○○県○○市○○二丁目2番2号

フリガナ　チュウオウ タロウ

氏名　中央 太郎

（市区町村に登録した印）※ 代理人は押印不要

印

本人が市区町村に登録した印鑑。

委任状

私は、(住所)

(氏名)

を代理人と定め、□印鑑(改印)の届出、□添付書面の原本還付請求及び受領の権限を委任します。

　　　年　月　日

住所

氏名　　　　　　　　　　　印

（注3)の印「市区町村に登録した印鑑」

代理人が申請する場合で、本人が記載する必要はない。

□　市区町村長作成の印鑑証明書は、登記申請書に添付のものを援用する。（注4）
（注1）印鑑の大きさは、辺の長さが1cmを超え、3cm以内の正方形の中に収まるものでなければなりません。
（注2）印鑑カードを前任者から引き継ぐことができます。該当する□にレ印をつけ、カードを引き継いだ場合には、その印鑑カードの番号・前任者の氏名を記載してください。
（注3）本人が届け出るときは、本人の住所・氏名を記載し、市区町村に登録済みの印鑑を押印してください。代理人が届け出るときは、代理人の住所・氏名を記載（押印不要）し、委任状に所要事項を記載し（該当する□にはレ印をつける）、本人が市区町村に登録済みの印鑑を押印してください。なお、本人の住所・氏名が登記簿上の代表者の住所・氏名と一致しない場合には、代表者の住所又は氏名の変更の登記をする必要があります。
（注4）この届書には作成後3か月以内の本人の印鑑証明書を添付してください。登記申請書に添付した印鑑証明書を援用する場合（登記の申請と同時に印鑑を届け出た場合に限る。）は、□にレ印をつけてください。

印鑑処理年月日				
印鑑処理番号	受付	調査	入力	校合

（乙号・8）

印鑑カードを前任者から引き継いだ場合には、その印鑑カードの番号、前任者の氏名を記載する。

法人 設立／設置 届出書

※整理番号

受 付 印			
	（フリガナ）本店又は主たる事務所の所在地	〒	ビル名等
		電話（　　　） 　－	
	納　税　地	〒	
		電話（　　　） 　－	
令和　　年　月　日	（フリガナ）法　人　名		
税務署長殿	法　人　番　号	┃ ┃ ┃ ┃ ┃ ┃ ┃ ┃ ┃ ┃ ┃ ┃	
	（フリガナ）代表者氏名		
新たに法人を設立／設置したので届け出ます。	代表者住所	〒	ビル名等
		電話（　　　） 　－	
	送付先・連絡先　（フリガナ）□本店所在地 □代表者住所 □その他	〒	ビル名等
		電話（　　　） 　－	

設立設置 年月日	令和　　年　月　日	事業年度	（自）　　月　　日　（至）　　　月　　日
資本金又は出資金の額	円	地方税の申告期限の延長の処分（承認）の有無	事業税　有・無　　・　　の事業年度から　　月間
資本金等の額	円		住民税　有・無　　・　　の事業年度から　　月間
		消費税の新設法人に該当することとなった事業年度開始の日	令和　　年　月　日

事業の目的	（定款等に記載しているもの）	従業者総数		人	市内従業者数		人
		支店・出張所・工場等	名　称	所　在　地			設置年月日
	（現に営んでいるもの又は営む予定のもの）			電話（　　　） 　－			・　・
				電話（　　　） 　－			・　・
				電話（　　　） 　－			・　・

設立の形態	1 個人企業を法人組織とした法人（　　　　）　　3 新設分割により設立した法人（□分割型・□分社型・□その他）		
	2 合併により設立した法人　　　　　　　　　　5 その他（　　　　）		
	4 現物出資により設立した法人（税務署：　　　）整理番号：（　　　　）		

設立の形態が2～4である場合の適格区分	適格 ・ その他	添付書類等	1 定款等の写し　　2 登記事項証明書（履歴事項全部証明書）、登記簿謄本又はオンライン登記情報提供制度利用　※2については、税務署への提出は必要ありません。
事業開始（見込）年月日	令和　　年　月　日		3 その他（　　　　）

「給与支払事務所等の開設届出書」提出の有無	有 ・ 無	オンライン登記情報提供制度利用の場合	照会番号	発行年月日
届出内容に該当する□にチェックをしてください。			都	年　月　日
□当該区市町村の事務所等が本店で複数の区市町村に事務所等をもつ法人			市	年　月　日
□当該区市町村の事務所等が支店で複数の区市町村に事務所等をもつ法人				
□当該区市町村にのみ事務所等を有する法人				

関与税理士	氏名	事務所所在地	〒
			電話（　　　） 　－

新たに事務所等を設置した法人の場合	通算法人の種類	□通算法人　□通算子法人（※子法人の場合には以下に親法人情報も記載してください。）			最初通算事業年度（適用開始事業年度）	・　・
	通　算　親　法　人　名		〒 通算親法人の納税地			決算期
	法　人　番　号	┃ ┃ ┃ ┃ ┃ ┃ ┃ ┃ ┃ ┃ ┃ ┃	電話（　　　） 　－			

税理士署名	

事業の種類	□製造業 □その他（具体的に　　　　業）	公益法人等である場合	□収益事業を行う □収益事業を行わない
一般社団法人・一般財団法人である場合	□非営利型法人 □普通法人	※処理欄	

※税務署処理欄	部門	決算期	業種番号	番号	入力	名簿	通信日付印	年　月　日	確認印

※ダウンロードした書面はそのまま「法人設立届出書」として使用できますが、自治体等により書式が異なる場合もありますので、事前に記載内容をご確認の上、ご使用ください。

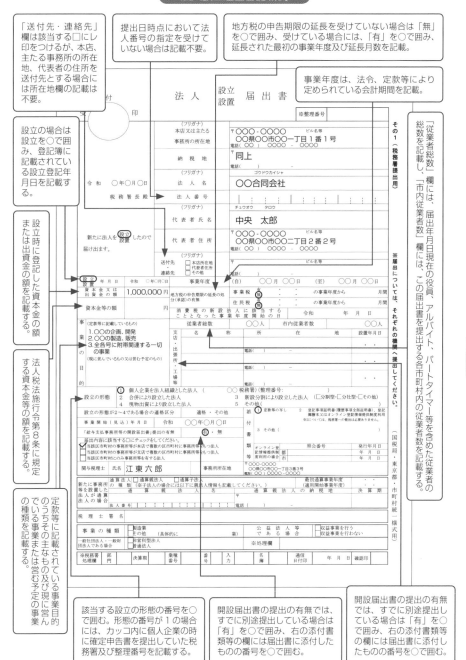

法人設立届出書記載例

「送付先・連絡先」欄は該当する□にレ印をつけるが、本店、主たる事務所の所在地、代表者の住所を送付先とする場合には所在地欄の記載は不要。

提出日時点において法人番号の指定を受けていない場合は記載不要。

地方税の申告期限の延長を受けていない場合は「無」を○で囲み、受けている場合には、「有」を○で囲み、延長された最初の事業年度及び延長月数を記載。

事業年度は、法令、定款等により定められている会計期間を記載。

設立の場合は設立を○で囲み、登記簿に記載されている設立登記年月日を記載する。

「従業者総数」欄には、届出年月日現在の役員、アルバイト、パートタイマー等を含めた従業者の総数を記載し、「市内従業者数」欄には、この届出書を提出する各市町村内の従業者数を記載する。

設立時に登記または出資金の額を記載する。

法人税法施行令第8条に規定する資本金等の額を記載する。

定款等に記載されている事業目的のうちその主なもの及び現に営んでいる事業または営む予定の事業の種類を記載する。

該当する設立の形態の番号を○で囲む。形態の番号が1の場合には、カッコ内に個人企業の時に確定申告書を提出していた税務署及び整理番号を記載する。

開設届出書の提出の有無では、すでに別途提出している場合は「有」を○で囲み、右の添付書類等の欄には届出書に添付したものの番号を○で囲む。

開設届出書の提出の有無では、すでに別途提出している場合は「有」を○で囲み、右の添付書類等の欄には届出書に添付したものの番号を○で囲む。

資　料

巻末資料編

	※整理番号	

給与支払事務所等の開設・移転・廃止届出書

税務署受付印

令和　年　月　日

税務署長殿

所得税法第230条の規定により次の
とおり届け出ます。

事務所開設者	住所又は本店所在地	〒　　電話（　　）　－
	（フリガナ）	
	氏名又は名称	
	個人番号又は法人番号	個人番号の記載に当たっては、左端を空欄とし、ここから記載してください。
	（フリガナ）	
	代表者氏名	

（注）　「住所又は本店所在地」欄については、個人の方については申告所得税の納税地、法人については本店所在地（外国法人の場合には国外の本店所在地）を記載してください。

開設・移転・廃止年月日	令和　年　月　日	給与支払を開始する年月日	令和　年　月　日

○届出の内容及び理由
（該当する事項のチェック欄□に✓印を付してください。）

「給与支払事務所等について」欄の記載事項

		開設・異動前	異動後
開設	□ 開業又は法人の設立 □ 上記以外 ※本店所在地等とは別の所在地に支店等を開設した場合	開設した支店等の所在地	
移転	□ 所在地の移転	移転前の所在地	移転後の所在地
	□ 既存の給与支払事務所等への引継ぎ （理由）□ 法人の合併　□ 法人の分割　□ 支店等の閉鎖 □ その他 （　　）	引継ぎをする前の給与支払事務所等	引継先の給与支払事務所等
廃止	□ 廃業又は清算結了　□ 休業		
その他（　　）		異動前の事項	異動後の事項

○給与支払事務所等について

	開設・異動前	異動後
（フリガナ） 氏名又は名称		
住所又は所在地	〒　　電話（　　）　－	〒　　電話（　　）　－
（フリガナ） 責任者氏名		
従業員数	役員　人　従業員　人（　）人	（　）人（　）人　計　人

（その他参考事項）

税理士署名	

※税務署処理欄	部門	決算期	業種番号	入力	名簿等	用紙交付	通信日付印	年月日	確認	（規格Ａ４）
	番号確認　身元確認 □ 済 □ 未済	確認書類 個人番号カード／通知カード・運転免許証 その他（　　）								

03.06 改正

※ダウンロードした書面はそのまま「給与支払事務所等の開設届出書」として使用できますが、自治体等により
書式が異なる場合もありますので、事前に記載内容をご確認の上、ご使用ください。

給与支払事務所等の開設届出書記載例

本店所在地の納税を管轄する税務署。

税務署に届出書を提出する日付。

「開設」を丸で囲む。

法人番号がない場合は事業主のマイナンバー記入する。

「開設」に○をつけ、事務所等を開始した日付を記入。

「開設」の欄の「開設又は法人の設立」にチェックを入れる。

役員・従業員の区分ごとに該当する人数を記入。

従業員に給与の支払いを開始する日付を記入。

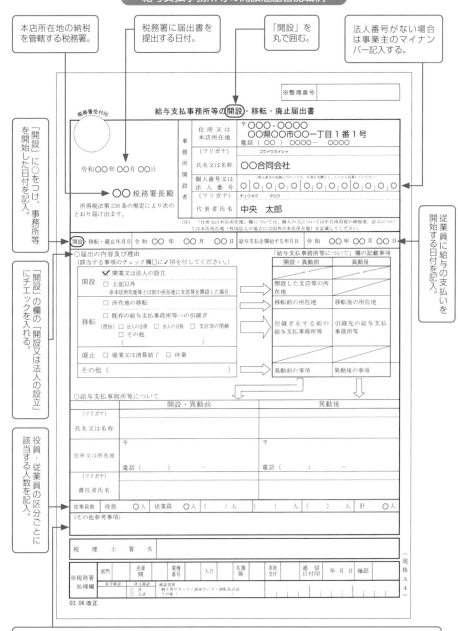

※整理番号

給与支払事務所等の 開設 ・移転・廃止届出書

税務署受付印

令和〇〇年 〇〇月 〇〇日

〇〇 税務署長殿

所得税法第230条の規定により次のとおり届け出ます。

事務所開設者	住所又は本店所在地	〒 〇〇〇 - 〇〇〇〇 〇〇県〇〇市〇〇一丁目1番1号 電話（ 〇〇 ） 〇〇〇〇 － 〇〇〇〇
	（フリガナ）	ゴウドウカイシャ
	氏名又は名称	〇〇合同会社
	個人番号又は法人番号	〇〇〇〇〇〇〇〇〇〇〇〇〇
	（フリガナ）	チュウオウ　タロウ
	代表者氏名	中央 太郎

（注）「住所又は本店所在地」欄については、個人の方については申告所得税の納税地、法人については本店所在地（外国法人の場合には国外の本店所在地）を記載してください。

| 開設・移転・廃止年月日 | 令 和 〇〇 年 〇〇月 〇〇日 | 給与支払を開始する年月日 | 令 和 〇〇年〇〇月〇〇日 |

〇届出の内容及び理由
（該当する事項のチェック欄□に✓印を付してください。）

		「給与支払事務所等について」欄の記載事項
		開設・異動前	異動後
開設	✓ 開業又は法人の設立		
	□ 上記以外 ※本店所在地等とは別の所在地に支店等を開設した場合	開設した支店等の所在地	
移転	□ 所在地の移転	移転前の所在地	移転後の所在地
	□ 既存の給与支払事務所等への引継ぎ （理由）□ 法人の合併　□ 法人の分割　□ 支店等の閉鎖　□ その他	引継ぎをする前の給与支払事務所等	引継先の給与支払事務所等
廃止	□ 廃業又は清算結了　□ 休業		
その他（　　　　　　　　　）		異動前の事項	異動後の事項

〇給与支払事務所等について

	開設・異動前	異動後
（フリガナ）		
氏名又は名称		
住所又は所在地	〒 電話（　）　－	〒 電話（　）　－
（フリガナ）		
責任者氏名		

| 従事員数 | 役員 〇人 | 従業員 〇人 | （ ）人 | （ ）人 | 計 〇人 |
| （その他参考事項） | | | | | |

| 税 理 士 署 名 | |

| ※税務署処理欄 | 部門 | | 決算期 | 業種番号 | 入力 | 名簿等 | | 用紙交付 | | 通信日付印 | 年 月 日 | 確認 |
| | 番号確認 | 身元確認 | 確認書類 個人番号カード/通知カード・運転免許証 その他（　） | | | | | | | | | |

（規格A4）

03. 06 改正

個人事業を廃止し法人成りした事業主、納税地、整理番号、外国法人である場合の国内における主たる事務所、外国法人の国外の本店が清算結了した場合のその旨及び清算結了年月日など、参考となる事項を記載する。

資 料

巻末資料編

源泉所得税の納期の特例の承認に関する申請書

源泉所得税の納期の特例の承認に関する申請書

		※整理番号	

税務署受付印	住 所 又 は 本 店 の 所 在 地	〒
		電話　　　−　　−
令和　　年　　月　　日	（フリガナ）	
	氏 名 又 は 名 称	
	法 人 番 号	※個人の方は個人番号の記載は不要です。 ｜｜｜｜｜｜｜｜｜｜｜｜｜
税務署長殿	（フリガナ）	
	代 表 者 氏 名	

次の給与支払事務所等につき、所得税法第 216 条の規定による源泉所得税の納期の特例についての承認を申請します。

給与支払事務所等に関する事項	給与支払事務所等の所在地 ※ 申請者の住所（居所）又は本店（主たる事務所）の所在地と給与支払事務所等の所在地とが異なる場合に記載してください。	〒		
		電話　　　−　　−		
	申請の日前6か月間の各月末の給与の支払を受ける者の人員及び各月の支給金額 〔外書は、臨時雇用者に係るもの〕	月 区 分	支 給 人 員	支 給 額
		年　　月	外 人	外 円
		年　　月	外 人	外 円
		年　　月	外 人	外 円
		年　　月	外 人	外 円
		年　　月	外 人	外 円
		年　　月	外 人	外 円
	1　現に国税の滞納があり又は最近において著しい納付遅延の事実がある場合で、それがやむを得ない理由によるものであるときは、その理由の詳細 2　申請の日前1年以内に納期の特例の承認を取り消されたことがある場合には、その年月日			

税 理 士 署 名	

※税務署処理欄	部門	決算期	業種番号	番号	入力	名簿	通信日付印	年 月 日	確認	

03.06 改正

源泉所得税の納期の特例の承認に関する申請書の記載例

税務署に申請書を提出する日付。

「納税地」の住所と電話番号を記入。

提出日時点において法人番号の指定を受けていない場合は記載不要。

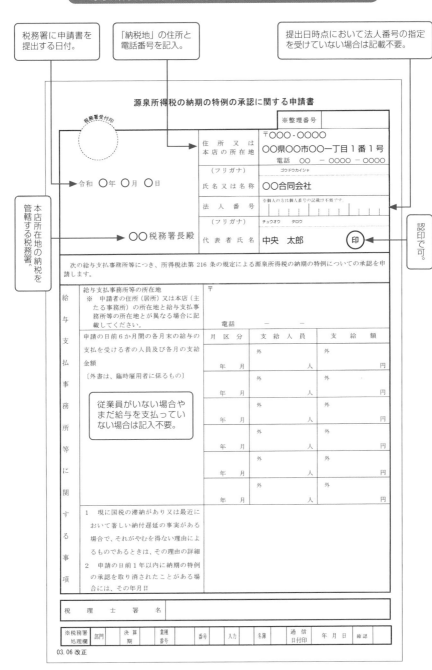

源泉所得税の納期の特例の承認に関する申請書

※整理番号

住所又は本店の所在地	〒〇〇〇-〇〇〇〇 〇〇県〇〇市〇〇一丁目1番1号 電話 〇〇 － 〇〇〇〇 － 〇〇〇〇
（フリガナ）	ゴウドウカイシャ
氏名又は名称	〇〇合同会社
法人番号	※個人の方は個人番号の記載は不要です。
（フリガナ）	チュウオウ タロウ
代表者氏名	中央 太郎　㊞

税務署受付印

令和 〇年 〇月 〇日

〇〇税務署長殿

本店所在地の納税を管轄する税務署。

認印で可。

次の給与支払事務所等につき、所得税法第216条の規定による源泉所得税の納期の特例についての承認を申請します。

給与支払事務所等に関する事項

給与支払事務所等の所在地 ※ 申請者の住所（居所）又は本店（主たる事務所）の所在地と給与支払事務所等の所在地とが異なる場合に記載してください。	〒 電話　　－　　　－		
申請の日前6か月間の各月末の給与の支払を受ける者の人員及び各月の支給金額 〔外書は、臨時雇用者に係るもの〕	月 区 分	支 給 人 員	支 給 額
	年 月	外　　　人	外　　　円
	年 月	外　　　人	外　　　円
	年 月	外　　　人	外　　　円
	年 月	外　　　人	外　　　円
	年 月	外　　　人	外　　　円
	年 月	外　　　人	外　　　円

従業員がいない場合やまだ給与を支払っていない場合は記入不要。

1　現に国税の滞納があり又は最近において著しい納付遅延の事実がある場合で、それがやむを得ない理由によるものであるときは、その理由の詳細

2　申請の日前1年以内に納期の特例の承認を取り消されたことがある場合には、その年月日

税 理 士 署 名	

※税務署処理欄	部門	決算期	業種番号	番号	入力	名簿	通信日付印	年 月 日	確認

03.06 改正

資料
巻末資料編

青色申告の承認申請書

税務署受付印			※整理番号	

	納 税 地	〒
		電話（　　）　　－
	（ フ リ ガ ナ ）	
令和　年　月　日	法 人 名 等	
	法 人 番 号	
	（ フ リ ガ ナ ）	
	代 表 者 氏 名	
	代 表 者 住 所	〒
税務署長殿	事 業 種 目	業
	資 本 金 又 は 出 資 金 額	円

自令和　年　月　日
至令和　年　月　日

事業年度から法人税の申告書を青色申告書によって提出したいので申請します。

記

1　次に該当するときには、それぞれ□にレ印を付すとともに該当の年月日等を記載してください。

　□　青色申告書の提出の承認を取り消され、又は青色申告書による申告書の提出をやめる旨の届出書を提出した後に再び青色申告書の提出の承認を申請する場合には、その取消しの通知を受けた日又は取りやめの届出書を提出した日　　　　　　　　　　　　　　　平成・令和　年　月　日

　□　この申請後、青色申告書を最初に提出しようとする事業年度が設立第一期等に該当する場合には、内国法人である普通法人若しくは協同組合等にあってはその設立の日、内国法人である公益法人等若しくは人格のない社団等にあっては新たに収益事業を開始した日又は公益法人等（収益事業を行っていないものに限ります。）に該当していた普通法人若しくは協同組合等にあっては当該普通法人若しくは協同組合等に該当することとなった日　　　　　　　平成・令和　年　月　日

　□　所得税法等の一部を改正する法律（令和２年法律第８号）（以下「令和２年改正法」といいます。）による改正前の法人税法（以下「令和２年旧法人税法」といいます。）第４条の５第１項（連結納税の承認の取消し）の規定により連結納税の承認を取り消された後に青色申告書の提出の承認を申請する場合には、その取り消された日　　　　　　　平成・令和　年　月　日

　□　令和２年旧法人税法第４条の５第２項各号の規定により連結納税の承認を取り消された場合には、同項各号のうち、取消しの基因となった事実に該当する号及びその事実が生じた日　令和２年旧法人税法第４条の５第２項第　　号　　　　　　　　　　　　　　　　　　　　　　　　　　　　　　平成・令和　年　月　日

　□　連結納税の取りやめの承認を受けた日を含む連結親法人事業年度の翌事業年度に青色申告書の提出をしようとする場合には、その承認を受けた日　　　　　　　　　　　　令和　年　月　日

　□　令和２年改正法附則第29条第２項の規定による届出書を提出した日を含む最終の連結事業年度の翌事業年度に青色申告書の提出をしようとする場合には、その届出書を提出した日　　　　　　令和　年　月　日

2　参考事項
（1）　帳簿組織の状況

伝 票 又 は 帳 簿 名	左の帳簿の形 態	記帳のの 時 期	伝 票 又 は 帳 簿 名	左の帳簿の形 態	記帳のの 時 期

（2）　特別な記帳方法の採用の有無
　イ　伝票会計採用
　ロ　電子計算機利用

（3）　税理士が関与している場合におけるその関与度合

税 理 士 署 名	

※税務署処理欄	部門	決算期	業種番号	番号	入力	備考	通信日付印	年 月 日	確認

（規格Ａ４）

04.03 改正

※ダウンロードした書面はそのまま「青色申告の承認申請書」として使用できますが、自治体等により書式が異なる場合もありますので、事前に記載内容をご確認の上、ご使用ください。

青色申告の承認申請書の記載例

税務署に申請書を提出する日付。

本店所在地の住所と本店の電話番号を記入。

提出日時点において法人番号の指定を受けていない場合は記載不要。

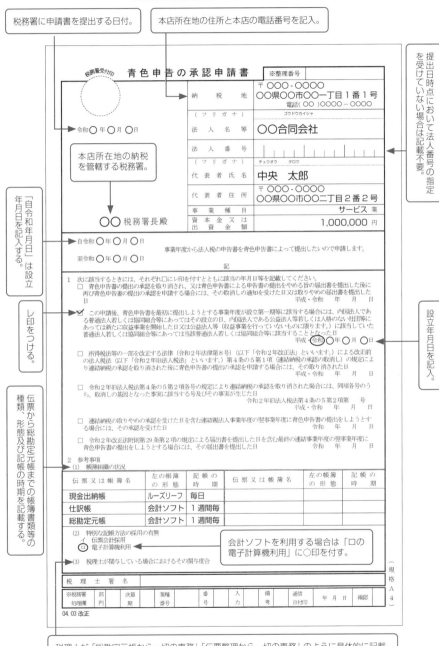

本店所在地の納税を管轄する税務署。

「自令和年月日」は設立の年月日を記入する。

レ印をつける。

設立年月日を記入。

伝票から総勘定元帳までの帳簿書類等の種類、形態及び記帳の時期を記載する。

会計ソフトを利用する場合は「ロの電子計算機利用」に○印を付す。

税理士が「総勘定元帳から一切の事務」「伝票整理から一切の事務」のように具体的に記載。

青色申告の承認申請書

※整理番号

納　税　地	〒○○○ - ○○○○ ○○県○○市○○一丁目１番１号 電話（○○）○○○○ - ○○○○
（フリガナ）	ゴウドウカイシャ
法　人　名　等	○○合同会社
法　人　番　号	
（フリガナ）	チュウオウ　タロウ
代表者氏名	中央　太郎
代表者住所	〒○○○ - ○○○○ ○○県○○市○○二丁目２番２号
事　業　種　目	サービス業
資本金又は出資金額	1,000,000 円

令和○年○月○日

○○ 税務署長殿

自令和○年○月○日
至令和○年○月○日

事業年度から法人税の申告書を青色申告書によって提出したいので申請します。

記

1　次に該当するときには、それぞれ□にレ印を付すとともに該当の年月日等を記載してください。
　□ 青色申告書の提出の承認を取り消され、又は青色申告書による申告書の提出をやめる旨の届出書を提出した後に再び青色申告書の提出の承認を申請する場合には、その取消しの通知を受けた日又は取りやめの届出書を提出した日　　平成・令和　年　月　日
　☑ この申請後、青色申告書を最初に提出しようとする事業年度が設立第一期等に該当する場合には、内国法人である普通法人若しくは協同組合等にあってはその設立の日、内国法人である公益法人等若しくは人格のない社団等にあっては新たに収益事業を開始した日又は公益法人等（収益事業を行っていないものに限ります。）に該当していた普通法人若しくは協同組合等にあっては当該普通法人若しくは協同組合等に該当することとなった日　　平成・令和○○年○月○日
　□ 所得税法等の一部を改正する法律（令和2年法律第8号）（以下「令和2年改正法」といいます。）による改正前の法人税法（以下「令和2年旧法人税法」といいます。）第4条の5第1項（連結納税の承認の取消し）の規定により連結納税の承認を取り消された後に青色申告書の提出の承認を申請する場合には、その取り消された日　　平成・令和　年　月　日
　□ 令和2年旧法人税法第4条の5第2項各号の規定により連結納税の承認を取り消された場合には、同項各号のうち、取消しの基因となった事実に該当する号及びその事実が生じた日　令和2年旧法人税法第4条の5第2項第　号　平成・令和　年　月　日
　□ 連結納税の取りやめの承認を受けた日を含む連結親法人事業年度の翌事業年度に青色申告書の提出をしようとする場合には、その承認を受けた日　令和　年　月　日
　□ 令和2年改正法附則第29条第2項の規定による届出書を提出した日を含む最終の連結事業年度の翌事業年度に青色申告書の提出をしようとする場合には、その届出書を提出した日　令和　年　月　日

2　参考事項
(1)　帳簿組織の状況

伝票又は帳簿名	左の帳簿の形態	記帳の時期	伝票又は帳簿名	左の帳簿の形態	記帳の時期
現金出納帳	ルーズリーフ	毎日			
仕訳帳	会計ソフト	1週間毎			
総勘定元帳	会計ソフト	1週間毎			

(2)　特別な記帳方法の採用の有無
　イ　伝票会計利用
　ロ　電子計算機利用

(3)　税理士が関与している場合におけるその関与度合

税　理　士　署　名	

※税務署処理欄	部門	決算期	業種番号	番号	入力	備考	通信日付印	年　月　日	確認

04.03 改正

（規格 A4）

資　料　巻末資料編

199

減価償却資産の償却方法の届出書

| 税務署受付印 | 減価償却資産の償却方法の届出書 | ※整理番号 | |

	納 税 地	〒 電話( ) －
令和 年 月 日	(フリガナ)	
	法 人 名 等	
	法 人 番 号	
	(フリガナ)	
	代 表 者 氏 名	
	代 表 者 住 所	〒
税務署長殿	事 業 種 目	業

連結子法人
(届出の対象が連結子法人である場合に限り記載)

(フリガナ)		※ 税 務 署 処 理 欄	整 理 番 号	
法 人 名 等			部 門	
本店又は主たる事務所の所在地	〒 (局 署) 電話 ( ) －		決 算 期	
(フリガナ)			業種番号	
代 表 者 氏 名			整 理 簿	
代 表 者 住 所	〒			
事 業 種 目	業		回 付 先	□ 親署 ⇒ 子署 □ 子署 ⇒ 調査課

減価償却資産の償却方法を下記のとおり届け出ます。

記

資 産 、 設 備 の 種 類	償 却 方 法	資 産 、 設 備 の 種 類	償 却 方 法
建 物 附 属 設 備			
構 築 物			
船 舶			
航 空 機			
車 両 及 び 運 搬 具			
工 具			
器 具 及 び 備 品			
機 械 及 び 装 置			
( ) 設 備			
( ) 設 備			

| 参考事項 | 1 新設法人等の場合には、設立等年月日 2 その他 | 令和 年 月 日 |

(規格A4)

| 税 理 士 署 名 | |

※税務署処理欄	部門	決算期	業種番号	番号	整理簿	備考	通信日付印	年 月 日	確認

04.03 改正

※ダウンロードした書面はそのまま「減価償却資産の償却方法の届出書」として使用できますが、自治体
等により書式が異なる場合もありますので、事前に記載内容をご確認の上、ご使用ください。

減価償却資産の償却方法の届出書の記載例

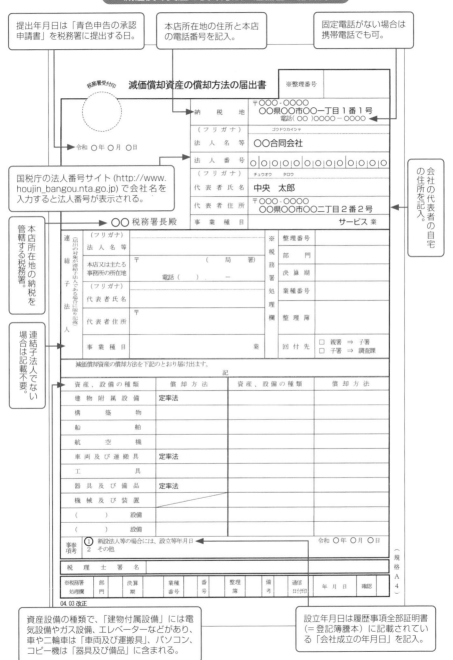

提出年月日は「青色申告の承認申請書」を税務署に提出する日。

本店所在地の住所と本店の電話番号を記入。

固定電話がない場合は携帯電話でも可。

減価償却資産の償却方法の届出書

税務署受付印

※整理番号

納 税 地	〒〇〇〇 - 〇〇〇〇 〇〇県〇〇市〇〇一丁目1番1号 電話(〇〇)〇〇〇〇 - 〇〇〇〇
（フリガナ）	ゴウドウカイシャ
法 人 名 等	〇〇合同会社
法 人 番 号	〇〇〇〇〇〇〇〇〇〇〇〇〇
（フリガナ）	チュウオウ タロウ
代表者氏名	中央 太郎
代表者住所	〒〇〇〇 - 〇〇〇〇 〇〇県〇〇市〇〇二丁目2番2号
事 業 種 目	サービス 業

令和 〇年 〇月 〇日

〇〇 税務署長殿

国税庁の法人番号サイト (http://www.houjin_bangou.nta.go.jp) で会社名を入力すると法人番号が表示される。

会社の代表者の自宅の住所を記入。

本店所在地の納税を管轄する税務署。

連結子法人	（フリガナ）			
	法 人 名 等			
	本店又は主たる事業所の所在地	〒 (局 署) 電話( ) -		
	（フリガナ）			
	代 表 者 氏 名	〒		
	代 表 者 住 所			
	事 業 種 目	業		

（届出の対象が連結子法人である場合に限り記載）

※税務署処理欄

整 理 番 号	
部 門	
決 算 期	
業種番号	
整 理 簿	
回 付 先	□ 視署 ⇒ 子署 □ 子署 ⇒ 調査課

連結子法人でない場合は記載不要。

減価償却資産の償却方法を下記のとおり届け出ます。

記

資産、設備の種類	償 却 方 法	資産、設備の種類	償 却 方 法
建 物 附 属 設 備	定率法		
構 築 物			
船 舶			
航 空 機			
車 両 及 び 運 搬 具	定率法		
工 具			
器 具 及 び 備 品	定率法		
機 械 及 び 装 置			
（ ） 設 備			
（ ） 設 備			

参考事項	① 新設法人等の場合には、設立等年月日 2 その他	令和 〇年 〇月 〇日

（規格A4）

税 理 士 署 名	

※税務署処理欄	部門	決算期	業種番号	番号	整理簿	備考	通信日付印	年 月 日	確認

04.03 改正

資産設備の種類で、「建物付属設備」には電気設備やガス設備、エレベーターなどがあり、車や二輪車は「車両及び運搬具」、パソコン、コピー機は「器具及び備品」に含まれる。

設立年月日は履歴事項全部証明書（＝登記簿謄本）に記載されている「会社成立の年月日」を記入。

参考文献・サイト

『合同会社のすゝめ』伊藤健太・飯塚正裕共著　日本法令刊
『図解　いちばんやさしく丁寧に書いた合同会社設立・運営の本』中島吉央著　成美堂出版刊
『合同会社設立と許認可申請・ネット通販開業・運営の法律と手続き』大門則亮監修　三修社刊

https://www.freee.co.jp/kb/kb-launch/what-is-llc/
https://biz.moneyforward.com/establish/basic/326/
https://www.yayoi-kk.co.jp/kigyo/godogaisha.html
https://www.moj.go.jp/MINJI/minji06_00141.html
https://j-net21.smrj.go.jp/startup/manual/list6/6-3-5.html
https://www.llc-kobe.net/seturitu/necessary.html
https://support.so-labo.co.jp/articles/article-llc-papers.html
https://kigyolog.com/article.php?id=163
https://3kyaku.jp/learn/devise
https://gmo-aozora.com/startupuseful/case1/
https://plus1-one.co.jp/top/biz-loan/topics/houjinnkouza-tukurenai.html
https://gentosha-go.com/articles/-/45481
https://www.freee.co.jp/kb/kb-launch/jyoseikinn-hojyokin/
https://vs-group.jp/tax/startup/media/invoice/17286.html
https://www.yayoi-kk.co.jp/invoice/column/hojin/
https://www.freee.co.jp/kb/kb-launch/incorporation-melit/
https://sogyotecho.jp/hojyokinjyoseikin/
https://continental-immigration.com/management/opportunity/
https://www.jsri.or.jp/publish/research/pdf/119/119_03.pdf

Index

索引

●著者紹介

天道　猛（てんどう・たけし）

1954年生まれ。特定行政書士、知的財産管理技能士（2級）、知的財産修士（MIP）、ライター、（社）日本ペンクラブ会員。早稲田大学商学部、東京理科大学専門職大学院知的財産戦略専攻を修了。ラジオ局で35年間勤務。退職後は池袋で行政書士　日中国際法事務所を開設。入管手続申請取次、会社設立、著作権登録等を手がけるかたわら、専門紙誌で執筆活動を行っている。

『知的財産権技能検定3級テキスト』『知的財産権技能検定2級テキスト』『メンタルヘルスマネジメントⅡ種テキスト』『マイナンバー対策がよ〜くわかる本』『マイナンバーとマイナポイントを賢くつかう本』他著書多数。

図解入門ビジネス

最新 合同会社 [LLC] の設立と運営がよくわかる本

発行日	2023年 9月 1日	第1版第1刷
	2023年12月25日	第1版第2刷

著　者　天道　猛

発行者　斉藤　和邦

発行所　株式会社　秀和システム

　　　　〒135-0016

　　　　東京都江東区東陽2-4-2　新宮ビル2F

　　　　Tel 03-6264-3105（販売）　Fax 03-6264-3094

印刷所　三松堂印刷株式会社　　　　Printed in Japan

ISBN978-4-7980-6953-1 C2034